大展好書　好書大展
品嘗好書　冠群可期

大展好書　好書大展
品嘗好書　冠群可期

楊 式 太 極 拳

11

楊 氏 太 極 拳
表演比賽套路49式

附 DVD

楊振鐸　著

大展出版社有限公司

楊露禪　遺像

楊健侯　遺像

楊澄甫　遺像

作者　楊振鐸

右：楊振鐸（作者）

中：楊澄甫（父）

左：楊助清（母）

左二：楊振國（四弟）

右二：楊振基（二哥）

1997 年作者與其夫人、孫媳、重孫女合影

1999 年美國特洛伊市市長向楊振鐸贈該城金鑰匙

義大利羅馬講學

加拿大表演比賽

在瑞典比賽

在瑞典表演比賽

013

在巴西聖保羅授拳後與學員合影

前　言

　　當前，習練楊氏太極拳者越來越多，而且有許多愛好者提出，應以《太極拳體用全書》爲藍本，早日編寫適合初學者使用的通俗教材。

　　自1934年楊公澄甫所著《太極拳體用全書》問世以來，由於內容豐富，拳姿舒展雄健，堪稱楷模，深受廣大愛好者的歡迎與喜愛，雖時隔數載，至今仍然是習練楊氏太極拳者所必須遵照摹練之藍本。

　　《太極拳體用全書》文字簡練，內容均爲應用之法，其拳照是由楊公澄甫宗師親自示範，被太極拳愛好者尊爲楊氏太極拳典型代表，楷模中之鼻祖。該書實屬楊氏太極拳愛好者最後攀登高標準之珍本。

　　現今習練楊氏太極拳者甚多，而《太極拳體用全書》係高年級具有一定水準者研究之課本，一般初學者不易接受，因此在實際習練過程中，確有許多不便之處，只能依樣畫葫蘆，水準不易提高。故要求楊氏後裔也以照片形式（因畫像不易表達神態）在原《太極拳體用全書》拳照的基礎上，增加過渡動作，並在文字上採用簡明易懂的語言，盡可能將基本理論、習練方法、動作要領、要求等用白話說明，以便學者從理論認識、鍛鍊方法、動作要求上

有所瞭解，不致人云亦云，形式模仿，心中無數，不得要領。因之迫切希望編寫適合廣大楊氏太極拳愛好者需要的初級課本。這是楊氏太極拳愛好者企盼已久的願望。

　　鑒於上述意見，我作爲楊氏後裔，責無旁貸，應盡可能滿足大家的要求，因此編寫了《傳統楊氏太極拳叢書》這套教材，其中包括《楊氏太極拳一百零三式》、《楊氏太極拳表演比賽套路》（四十九式）、《楊氏太極拳十三式》、《楊氏太極劍》、《楊氏太極刀》、《楊氏太極拳用法》共六冊，均配有教學光盤。本套教材的出版，對於普及楊氏太極拳，指導楊氏太極拳健康發展，發展太極拳運動將起到重要作用。

　　由於本人水準所限，書中會有許多不足之處，望讀者見諒。

楊氏太極拳簡介

　　楊氏太極拳是太極拳中的一個流派。它由第一代宗師楊祿禪及其子楊班侯、楊健侯，其孫少侯、楊澄甫祖孫三代人懷著爲人類造福的理想，結合社會發展的需要，苦心鑽研，在不違背武術本能的基礎上，保留了技擊與攻防內容，創造了一套緩慢柔和、式式均勻、姿勢舒展、勁在內涵、形象優美的動作，並具有純樸、獨特、新穎、別致的特色，它在中國武壇上的出現，爲人類強身健體、治療疾病、延年益壽、陶冶情操，做出了卓越的貢獻。

　　楊氏太極拳是哲拳，它是武術，也是醫術，更是具有豐富內涵的東方文化。楊氏太極拳是中華民族傳統武術的珍貴遺產，它融匯陰陽八卦、五行學說哲理，博採各家武術精華，動作適應人體生理機制。楊氏太極拳其動靜虛實的變化、剛柔內外之消長，與唯物辯證法闡明的矛盾相互依存、相互對立、相互轉化的規律相吻合，是體育運動中最適宜健身的具有科學原理的優秀拳種之一。

　　楊氏太極拳架式舒展大方，動作簡潔柔和，速度緩慢均勻，動中有靜，柔中寓剛，以意引氣，以氣運身，內外相合，身心兼修，老少皆宜。它具有強身祛病之效，又是自衛技擊之術，不僅歷六世、經百餘年而不衰，而且隨著

現代科學的不斷發展，日益呈現風行環宇之勢。

楊氏太極拳構思細膩，編排合理，結構嚴謹，全面完整，有一定的科學性，使武術、保健、療病三者自然結合，不但能消除三者之間原有的矛盾，還能起到相互促進的作用。同時在處理一般動作與高難動作的協調、緩和與緊張的安排上，都顯得非常適當，使演練者自始至終，甚至連續練幾趟，均感舒適，輕鬆愉悅。尤能適應多方需求，滿足練功、健體、療病的男女老少需要。它適應面廣，鍛鍊效果較好，使太極拳成為中華民族寶貴的文化遺產，為中華武術這一塊寶增添了色彩。

國家體委早在1956年與1959年前後就以楊澄甫拳架為藍本，編寫了《24式簡化太極拳》、《88式太極拳》。自推廣以來，深受廣大群眾歡迎。國家體委武術研究院為了適應當前國內外太極拳發展的需要，又特彙編了四氏太極拳競賽套路（楊、陳、吳、孫），其動作均要求按傳統練法編排，它對今後國內外太極拳運動的蓬勃發展起到了重要作用。

套路演練的基本理論，是指導楊氏太極拳健康發展的準繩。楊公澄甫所著《太極拳術十要》、《太極拳之練習談》，幾經滄桑，至今仍然是指導楊氏太極拳健康發展必須遵循的準則。

楊氏太極拳發展形勢是喜人的，如今遍及海內外，習練者日益增多，普及面更加廣泛。願太極拳為慢性病患者造福，為人類健康長壽做出貢獻！

目　錄

楊氏太極拳二十字口訣

（對上肢要求）

抻出肘尖，空出胳肢窩。
肘尖、拽膀尖、連手腕、帶手指。

二十字口訣字句不多，但言短意深、耐人尋味。這雖然指的是上肢各個部位、但能起到由此及彼的連鎖反映。不只是聯想到，而且能夠立即真正感覺到，正是由於上肢的活動，牽動了含胸，引發了拔背，導致了鬆腰、鬆胯，以致實現了由腳而腿而腰節節貫穿等要領的內在聯繫及相互結合。

由此而產生的勁感，達到的整體感，都是習練者必須切實體驗到、切實做到的。這對於練好太極拳是非常重要的。可見二十字口訣關係著每一著勢，決定著整體套路連貫完成。所以，望學生認真領悟真意，體驗「抻」、「空」、「拽」、「連」、「帶」引發的勁感，以助整體修為、內外相兼之演練。

習練楊氏太極拳的手法

　　楊氏太極拳對手的要求是比較嚴格的，拳主要體現在手上，因之對手的形狀，以至具體到各種掌法、拳法（捶法）及吊手的位置、方向、角度在技擊中的作用，以及鍛鍊效果，都具有一定作用。

　　因之，在手、眼、身、法、步的要求中，把手放在了第一位，這也說明了它的重要性。

　　「手法」中包括各種掌法、拳法（捶法）以及吊手。現分別介紹如下：

一、掌　法

　　掌法是手法中的一種，分為兩個類型，約有九種。

第一類型：坐腕立掌型

　　有五種掌法：1.立掌；2.正掌；3.平掌；4.俯掌；5.反掌。

第二類型：直伸型

　　有四種掌法：1.垂掌；2.直掌；3.側掌；4.仰掌。

（一）「坐腕立掌型」的特點

坐腕立掌的特點：掌的伸出都必須坐腕立掌。

　　坐腕立掌的做法：首先，手腕要坐實，然後將手掌向上立，也就是往上翹，逐漸使五指尖朝上，掌心向前。當手掌向上翹到一定程度時，就會產生一種內在的自我感覺，這種感覺稱之為「勁感」。

　　如果習練者鍛鍊有素，這種「勁感」則立即貫通全身。初學者則會出現局部僵硬的感覺（手脖子發酸發困）。

　　以上兩種感覺截然不同，因之，初學者應首先去除手掌上立不夠而出現的軟弱空虛，無著落之感，但上翹過分產生的僵硬呆板，也非追求之目的。只要是感覺到了的，「勁感」不適宜，可以修正；如果感覺不到，就是空的，是不能自我調整的。

　　這一掌法綱舉目張地統攝著勁的內含和精神的表達及剛柔的實現，以致節節貫穿，整體協調。

　　要練好楊氏太極拳，就必須由立掌找到這一「勁感」。

　　以下是坐腕立掌型的幾種掌法：

1. 立　掌

　　指尖朝上或偏向上方，掌心不向正前方，而向其他方向者，謂立掌。例如，摟膝拗步和倒攆猴式的上方掌，玉女穿梭的下方掌。

2. 正　掌

　　指尖向上，掌心向正前方者，謂之正掌。例如攬雀尾式中之按，如封似閉之按均屬正面掌，這兩種掌法都是以推為主。而立掌則以擊打為主。

3. 平　掌

不論指尖指向何方，而掌心向下或向左、右平環者。
例如單鞭、肘底錘之過渡式。

4. 俯　掌

掌心向下或偏向下，不論指尖指向何方，都稱之為俯
掌。例如摟膝拗步，野馬分鬃，白鶴亮翅的下方掌，栽
捶、指襠捶式的左掌等。

5. 反　掌

指尖指向一側，或偏向一側，掌心向外者，都稱之為
反掌。例如，玉女穿梭、白鶴亮翅式之上方掌，雲手式之
由掤轉採的掌。

（二）「直伸型」的特點

直伸型掌法的特點以及作法：只需將手掌伸直（不要硬
挺、手形不變）、放平、放展、引長就可以了。它不需要坐
腕立掌，但也要有內勁的自我感覺以及整體貫穿，雖然與坐
腕立掌型表現形式以及作法有所不同，但產生的作用與效果
都是一樣的。兩者相互依存，彼此配合，應等同視之。

以下是直伸型的幾種掌法：

1. 垂　掌

掌心向裏或偏向裏，指尖向下或偏向下者謂垂掌。例

如預備式之兩臂下垂，當兩臂環下圓弧時等。

2. 直　掌

掌心向下或偏向下，不論指尖指向何方者謂直掌。例如，起勢之兩臂提起，又如由按式轉單鞭之過渡等。

3. 側　掌

掌心向裏或偏向裏，不論指尖指向何方者謂側掌。例如，攬雀尾之左右掤，雲手的掤等。

4. 仰　掌

掌心向上或偏向上方，指尖向前或偏向前者謂之仰掌。例如，倒攆猴和高探馬的下方掌，斜飛勢和穿掌的上方掌等。

以上所介紹的有關掌法與手形的正確與否有著不可分割的關連。關於手形，在《太極拳術十要》中已經講到：「掌宜微伸，指宜微曲」，但在實際習練時，還有一條「指縫稍離」也是非常重要的，要手指不能併攏，也不能撖開。

這樣，手掌的外部形象，更加趨於完善，既有剛的內含，又有柔韌的外觀，自然，瀟灑，可謂形神兼備，望學者默識，體悟揣摩。

各種掌法是否能夠做好，其基礎都在「放鬆」，如果能夠正確理解「放鬆」的意義，練法對頭，自會有好的效果。

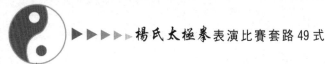

因之，必須有正確的練法，才能使各種掌法運用得當，並收到一掌攝全身的效果。

二、捶　法

捶法也稱之為拳法，同屬手法中的一種。首先介紹捶的握法以及捶的形狀：

捶的握法，要求食指，中指，無名指和小指均向裏屈握實，而母指置食指外側，握好握實，形成俗稱的拳頭。

對拳頭形狀的具體要求（以右手之正面拳為例）：拳面向前，拳眼向上，拳心向裏，拳背朝外。拳面是指向裏屈之四指的第二節至第三節的平面。

正面拳與掌的直伸型同屬一個類型，雖然握的是拳，但出拳時是直接伸出去的，而另一個類型，與掌法中的坐腕立掌型近似，但又有它的不同處，現按照套路順序，將出現的拳式分別介紹如下：

1. 搬攔捶

以右手握拳稱之為搬，左手坐掌為攔。搬分俯腕搬與翻腕搬兩種，俯腕搬要求拳向上翹，拳心向下，似掌法中之立掌。而翻腕搬要求拳心向裏，拳背朝外，拳向裏扣。

這兩種拳形的出現，與掌法中之坐腕立掌相似，其扣與翹，都必須做到一定程度，到位了才能產生勁感完成搬的動作，最後還有一捶，要求正面平伸，是正面平捶向對方擊出，也要求有勁感，而兩搬是向左右兩側走橫向。左掌之攔，實為攔擋之意。

2. 肘底捶

肘底捶是以左手將對方之臂托起，用右手握拳，在其肋下以拳擊之。右拳的做法，注意臂向裏平曲，拳向裏扣，拳心向裏，拳背朝外，拳眼向上，它與掌法中之平坐掌相似。實際上扣就是坐，不扣則不得力。

3. 轉身撇身捶

撇身捶是以拳背向對方面部擊出。其捶的做法與搬攔捶之兩搬類同，先走俯腕捶，後以翻腕捶正面擊出，拳心向裏，扣腕，使拳面繃起朝外即可。

4. 栽　捶

栽捶屬直伸形，它與搬攔捶之捶的做法一樣，搬攔捶最後出的捶，是以正面平捶出擊，而栽捶顧名思義是朝下的，因此，大約以45度角度朝對方下肢擊出就可以了。

5. 打虎勢之捶

該捶分上下，上為外扣，下為裏扣，上方拳意在擊打對方頭部，下方拳意在擊打對方腹部及肋部，兩拳眼是上下相對的，但上方拳拳心向外，而下方拳拳心是向裏的，注意兩拳都必須由腕部使其向裏扣，同樣找到勁感。

6. 雙峰貫耳之捶

該捶是以兩拳之食指第三節擊打對方兩鬢（太陽

穴），故要求兩拳均向內扣，由兩側使兩拳向下朝裏扣，
兩拳眼側相對，以兩拳之食指第三節相對，兩拳心均向
前。注意不得以兩拳面相對，也不能以兩拳眼相對。

7.指襠捶

指襠捶，顧名思義，就是以拳擊打對方下身。具體做
法與搬攔捶之捶，栽捶之捶屬同一做法，惟指襠捶是指對
方的襠，三拳做法一樣惟擊打點有所不同，既然搬攔捶之
捶是平捶，栽捶是向下，而中間就是指襠了，三者分出高
中低就可以了。

8.彎弓射虎

該捶意在以兩拳同時擊出，一擊頭，一擊胸，上方捶
擊頭，下方捶擊胸，兩拳均由一側向另一側擊出，是屬直
伸型拳法，無須扣腕，兩拳拳眼是上下相對的，但拳心都
是朝外的，拳面側向前。

以上諸捶法，由於用法要求不同，所以表現形式也有
所不同，但有一點是相同的，即必須有勁感，這一點與掌
法以至吊手都是一致的，在手、眼、身、法、步中以手為
首，是貫穿整體的關鍵部位，它既能表現出武術的攻防意
識，同時也是精氣神的具體體現，望認真尋求。

太極拳之練習談

永年楊公澄甫遺著

中國之拳術，雖派別繁多，要知皆寓有哲理之技術，歷來古人窮畢生之精力，而不能盡其玄妙者，比比皆是。雖然，學者若費一日之功力，即得有一日之成效，日積月累，水到渠成。

太極拳，乃柔中寓剛，棉裏藏針之藝術，於技術上、生理上、力學上，有相當之哲理存焉。故研究此道者須經過一定之程序，與相當之時日。雖然良師之指導，好友之切磋，固不可少，而最緊要者，是在逐日自身之鍛鍊，否則談論終日，思慕經年，一朝交手，空洞無物，依然是門外漢者，未有逐日功夫。

古人所謂，終思無益，不如學也。若能晨昏無間，寒暑不易，一經動念，即舉摹練，無論老幼男女，即其成功則一也。

近來研究太極拳者，由北而南，自黃河流域至揚子江流域，同志日增，不禁為武術前途喜。然同志中，專心苦練，誠心向學，將來不可限量者，固不乏人，但普通不免入於兩途：

一則天才即俱，年力又強，舉一反三，穎悟出群；惜

乎稍有小成，便是滿足，遽邇中輟，未能大受。

其次急求速效，忽略而成，未經一載，拳、劍、刀、槍皆已學全，雖能依樣葫蘆，而實際未得此中三味，一經考究其方向動作，上下內外，皆未合度，如欲改正，則式式皆須修改；且朝經改正，而夕已忘卻，故常聞人曰：習拳容易改拳難。此語之來，皆由速成而致此。如此輩者，以訛傳訛，必致自誤誤人，最為技術前途憂者也。

太極拳開始選練拳架。所謂拳架者，即照拳譜上各式名稱，一式一式由師指教，學者悉心靜心，默記揣摹，而照行之，謂之練架子，此時學者分內外上下注意。

屬於內者，即所謂用意不用力，下則氣沉丹田，上則虛靈頂勁；屬於外者，周身輕靈，節節貫串，由腳而腿而腰，沉肩曲肘等是也。

初學之時，先此數句，朝夕揣摹，而體會之，一招一式，總須仔細推求，舉動練習，務求正確，習練既純，再求二式，於是逐漸而至於習完。如是則毋事改正，日久亦不致更變要領也。

習練運行時，周身骨節，均須鬆開自然。其一，口腹不可閉氣，其二，四肢腰腿不可起強勁。此二句，學內家拳者，類能道之，但一舉動，一轉身，或踢腿擺腰，其氣喘矣，其身搖矣，其病皆由閉氣與起強勁也。

1. 摹練時頭部不可偏側與俯仰。所謂要頂頭懸，若有物頂於頭上之意，切忌硬直，所謂懸字意義也。目光雖然向前平視，有時當隨身法而轉移，其視線雖屬空虛，亦為變化中一緊要之動作，而補身法手法之不足也。其口似開

非開，似閉非閉，口呼鼻吸，任其自然。如舌下生津，當隨咽入，勿吐棄之。

2. 身軀宜中正而不倚；脊樑與尾閭，宜垂直不偏。但遇開合變化時，有含胸拔背，沉肩轉腰之活用，初學時節須注意。否則日久難改，必流於板滯，功夫雖深，難以得益致用矣。

3. 兩臂骨節均須鬆開，肩應下垂，肘應下曲，掌以微伸，手指微曲，以意運臂，以氣貫指，日積月累，內勁通靈，其玄妙自生矣。

4. 兩腿宜分虛實，起落猶似貓行。體重移於左者，則左實，而右腳謂之虛；若移於右者，則右實，而左腳謂之虛。所謂虛者非空，其勢仍未斷，而留有伸縮變化之餘意存焉。所謂實者，確實而已，非用勁過分，用力過猛之謂。故腿曲至垂直為準，逾此謂之過勁。身軀前撲，即失中正姿勢，敵得生乘機攻矣。

5. 腳掌應分踢腿（譜上左右分腳或寫左右翅腳）與蹬腿二式。踢腿時則注意腳尖，蹬腿時則注意全掌，意到則氣到，氣到而勁自到。但骨節均須鬆開而平穩出之，此時最易起強勁，身軀波折而不穩，發腿亦無力矣。

太極拳之程序，先練拳架（屬於徒手），如太極拳，太極長拳；其次單手推挽，原地推手，活步推手，大捋，散手；再次則器械，如太極劍，太極刀，太極槍（十三槍）等是也。

練拳時間，每日起床後兩遍。若晨起無暇，則睡前兩遍，一日之中，應練七八次，至少晨昏各一遍。但醉後、

飽食，皆宜避忌。

　　練習地點，以庭園與廳堂，能通空氣，多光線者，皆為相宜。但忌直射之烈風，與有陰濕黴氣之場所耳；因身體一經運動，呼吸定然深長，故烈風與黴氣，如深入腹中有害於肺臟，易致疾病也。

　　練習之服裝，以寬大之中服短裝，與闊頭之布鞋為相宜，習練經時，如遇出汗，切忌脫衣裸體，或行冷水揩抹；否則未有不罹疾病也。

太極拳十要

楊澄甫口授　陳微明筆錄

1. 虛靈頂勁

頂勁者，頭容正直神貫於頂也。不可用力，用力則項強，氣血不能通流，須有虛靈自然之意。非有虛靈頂勁之意，則精神不能提起也。

2. 含胸拔背

含胸者，胸略內含，使氣沉於丹田也。胸忌挺出，挺出則氣擁胸際，上重下輕，腳跟易於浮起。拔背者，氣貼於背也。能含胸則自能拔背；能拔背，則能力由脊發，所向無敵。

3. 鬆　腰

腰為一身之主宰，能鬆腰，然後兩足有力，下盤穩固，虛實變化，皆由腰轉動，故曰：「命意源頭在腰隙。」有不得力，必於腰腿求之也。

4. 分虛實

太極拳術，以分虛實為第一義。如全身皆坐在右腿，

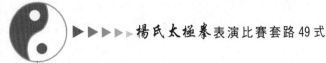

則右腿為實，左腿為虛；全身坐在左腿，則左腿為實，右腿為虛。

虛實能分，而後轉動輕靈，毫不費力；如不能分，則邁步重滯，自立不穩，而易為人所牽動。

5. 沉肩墜肘

沉肩者，肩鬆開下垂也；若不能鬆垂，兩肩端起，則氣亦隨之而上，全身皆不得力矣。

墜肘者，肘往下鬆垂之意。肘若懸起則肩不能沉，放人不遠，近於外家之斷勁矣。

6. 用意不用力

太極拳論云，此全是用意不用力。練太極拳，全身鬆開，不使用分毫之拙勁，以留滯於筋骨血脈之間，以自束縛，然後能輕靈變化，圓轉自如。或疑不用力，何以能長力？

蓋人身有經絡，如地之溝洫，溝洫不塞而水行，經絡不閉而氣通。如渾身僵勁，充滿經絡，氣血停滯，轉動不靈，牽一髮而全身動矣。

若不用力而用意，意之所至，氣即至焉。如是氣血流注，日日貫輸，周流全身，無時停滯，久久練習，則得真正內勁，即太極論中所云，「極柔軟，然後能極堅剛」也。

太極功夫純熟之人，臂膊如棉主裏鐵，分量極沉。練外家拳者，用力則顯有力，不用力時，則甚輕浮。可見其

力，乃外勁浮面之勁也。外家之力，最易引動，故不足尚也。

7. 上下相隨

上下相隨者，即太極論中所云：「其根在腳，發於腿，主宰於腰，形於手指，由腳而腿而腰，總須完整一氣也。」手動腰動足動，眼神亦隨之動。如是方可謂上下相隨。有一不動，即散亂矣。

8. 內外相合

太極所練在神，故云「神為主帥，身為軀使」。精神能提得起，自然舉動輕靈，架子不外虛實開合。

所謂開者，不但手腳開，心意亦與之俱開；所謂合者，不但手足合，心意亦與之俱合。能內外合為一氣，則渾然無間矣。

9. 相連不斷

外家拳術，其勁乃後天之拙勁，故有起止，有續有斷，舊力已盡，新力未生，此時最易為人所束。太極用意不用力，自始至終，綿綿不斷，週而復始，循環無窮。

拳論所謂「如長江大河，滔滔不絕」。又曰：運勁如抽絲。皆言其貫串一氣也。

10. 動中求靜

外家拳術，以跳躑為能，用盡氣力，故練習之後，無

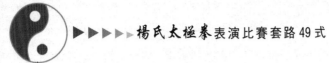

不喘氣者。太極以靜禦動，雖動猶靜。故練架子，愈慢愈好。慢則呼吸深長，氣沉丹田，自無血脈僨張之弊。學者細心體會庶可得其意焉。

楊氏太極拳的特點、練法、架式、風格

特　點

架式舒展簡潔，結構嚴謹，身法中正，不偏不倚，動作和順，剛柔內含，輕靈沉著兼而有之。

練　法

由鬆入柔，積柔成剛，剛柔相濟。

架　式

有高中低之分，可以按學者不同年齡、性別和體力條件以及學者的不同要求適當調整運動量。

風　格

由於楊氏太極拳姿勢舒展，輕靈自然，中正圓滿，平正樸實，因之，能夠很自然地表現出氣魄大、形象美的獨特風格。

楊氏太極拳
符合原則科學健身

　　據最新科學研究報告，健身方法和原則是：

　　1. 應該是中低強度的有氧耐力運動。

　　2. 應該是有節奏的運動，並且運動時間持續在20～60分鐘，每日1至2次。

　　3. 運動後在10秒內測定心率在每分鐘110次範圍內。

　　對照以上原則，習練楊氏太極拳完全符合這一要求。

　　首先，它的運動強度屬中低等強度，並有氧耐力。

　　其次不但在習練過程中具有節奏感，而且相對平穩，整體協調平衡；在時間上，一趟拳練下來大約是20～25分鐘，如果再練上一趟劍5分鐘，刀2分鐘，這樣在時間上也符合。

　　由於有了以上條件，在心率的測定上，也是合乎要求的。總之，習練楊氏太極拳是符合科學健身原則的。

楊氏太極拳教學口訣的說明

　　為了教學方便，針對初學者一時不易接受的情況，採取了邊說邊做的方法，以助其思維和動作之不足，尤其結合拳勢動作，摘要式的分別前後次序，編成了順口溜，使學者能夠耳聞目睹，有條不紊的接受指導並慕仿其動作進行演練。其效果反映良好。

　　對這種口傳身授的教學方法，使初學者和啟蒙教師頗感興趣，因之要求錄音和索要文字材料者頗多。為了滿足愛好者之要求，現隨同套路一併發表，因教者必須在一定時間內連說帶做，引導學者完成整體動作，這就難免有不詳之處。請見諒！

楊氏太極拳表演比賽套路名稱順序

預備勢

1. 起　勢
2. 攬雀尾
3. 單　鞭
4. 雲　手（左右三個）
5. 單　鞭
6. 高探馬
7. 右分腳
8. 左分腳
9. 轉身左蹬腳
10. 左摟膝拗步
11. 手揮琵琶
12. 高探馬穿掌
13. 轉身十字腿
14. 左打虎式
15. 右打虎式
16. 回身右蹬腳
17. 雙峰貫耳
18. 左蹬腳

19. 轉身撇身捶
20. 進步指襠捶
21. 如封似閉
22. 十字手
23. 抱虎歸山
24. 斜單鞭
25. 肘底捶
26. 左金雞獨立
27. 右金雞獨立
28. 倒攆猴
29. 斜飛式
30. 提手上勢
31. 白鶴晾翅
32. 右摟膝拗步
33. 海底針
34. 扇通臂
35. 轉身白蛇吐信
36. 進步栽捶
37. 野馬分鬃

楊氏太極拳表演比賽套路說明

　　群眾性較為廣泛的楊氏太極拳運動，正在不斷地參與一些社會活動，為其表演助興，宣傳健身之道。而原有傳統套路，演練時間較長，往往與舉辦單位在時間安排上有所矛盾，由於節目多，佔用時間多，再加觀眾興趣要求不同，這樣只能表演一段或者二段，很難表演完全部套路。又如組織比賽，也因為時間關係，在組織工作上存在困難，故國家體委在傳統套路比賽時，規定以八分鐘練完第一段和第二段。

　　以上表演和比賽都局限於時間，不能演練完整個套路，這對演練者以及觀眾來說均有餘興未盡之感。

　　多年來廣大楊氏太極拳愛好者和從事太極拳工作者，都希望能夠編一套既適合表演又適合比賽，並能體現傳統練法的套路。

　　為了適應客觀實際需要，以及滿足廣大愛好者的要求，經山西省楊氏太極拳協會研究，提出了新套路初稿，又經群眾反覆實踐並提出意見，經多次修改，現正式提出，做為當前我協會的表演套路，也作為今後的比賽套路。

　　套路編排：要求在不違背原傳統套路演練的基礎上，

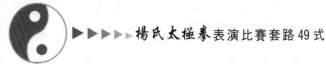

適當減去一些重複拳式，縮短演練時間，以緊湊明快的節奏，參加各項活動，這是時代的要求，也是客觀的需求，事在必行。

從新編套路拳普編排中，可以清楚地看出：1 至 11 式、13 至 18 式、21 至 24 式、26 至 35 式和 38 至 49 式，基本保留了原套路結構上的傳統風貌，在這一基礎上，適當去除部分重複拳式，把少數不便連接拳式，分別穿插在其他行列之中，有的在編排轉換連接部分起到了主要作用，凡會演練傳統套路者，只要在穿插式子當中，多加揣摩，即可自練，並不犯難。

有人說，這一套路是否可稱之為楊氏太極拳的簡化套路，我們認為這是不妥當的，因為它只是在編排組織上少有變動，結構上基本沒變。尤其是保留了傳統套路當中的全部拳式，這是難能可貴的。雖有拳式多少之分，並無捨棄之處，結構嚴謹，動作連貫通順，風格特點猶存，保持原貌，故不能以簡化稱之，以免造成人們的錯覺，影響傳統套路的健康發展。如果說到當前的改革，我們認為這正是大變革的產物，使其能在各種不同社會場合，毫不遜色地發放出瑰寶的光芒。

平時演練仍應以傳統套路為主，在演練完傳統套路之後，可以兼而練之。

新套路的編排，其任務主要是為了比賽和表演，因之縮短了時間，減去了一些重複式子，重新進行了組合，但從結構安排上，遠不如傳統套路科學。因新套路一開始，即進入緊張狀態，如果演練者在演練前不做一些準備活

動，就會有不能適應的感覺。而傳統套路，由緩和進入高潮，尤其在第一段中，比較緩和地先奠定了基礎，而後將難度較高的動作，分別穿插在二、三兩段之間。一般拳式的重複出現，起到了很好的調節作用，這樣，使演練者從容自若，輕鬆 自然，演練完整個套路，甚至連續練上幾趟，也無不適應之感覺。

時間要求：表演，每練完一趟為10分鐘，而比賽為6分鐘。

楊氏太極拳表演比賽套路圖解

預備式

面向正南，兩腳直向前方與肩同寬，分左右站立。身體中正，兩臂自然下垂，手心向內，手指朝下，置兩胯旁。兩眼向前平視，神情安舒。（圖1）

口訣：兩腳直前與肩同寬踩成馬步，
兩臂下垂手指向下全身放鬆。

圖1

要點：

1. 首先要求在預備式中做到全身「放鬆」（包括意念上、肢體上的全身「放鬆」）。只有真正做到了「放鬆」，才能排除雜念，思想集中和全神貫注。

至於在肢體上可能出現僵硬呆板或者軟塌無著落的情況，這也是正常現象。只要在今後實際演練過程中，注意結合要領，默識揣摩，自會克服與轉變。常言：「不以規矩不能成方圓。」尤其初學者，一定要熟記基本要領（楊澄甫先師《太極拳術十要》），按照要領要求認真地去做，逐漸加深理解，為練好太極拳奠定良好基礎。不然就會走彎路，不僅動作不能規範，也不易記憶，欲速則不達，更難收到應有的效果。

2. 預備式動作雖然比較簡單，但也必須結合要領（如虛領頂勁、氣沉丹田、含胸拔背、鬆腰鬆胯、沉肩墜肘、坐腕舒指等），認真檢查是否都做到了，自我感覺如何，為整個套路開始活動創造良好的開端。從技術要求來說，此式至關重要，是以我之靜，待對方之動，雖靜猶動，窺察對方動向，雖防又有動意，勢如張弓待發。因之，不應忽略。

3. 基本要領是貫穿始終的，每式每動都應以要領衡量是否正確、規範，一定要做到有規必循，循規蹈矩。只有這樣，才能使太極拳發揮其應有的技擊和健身療病效果。

第一式　起　勢

動作1：兩臂內旋轉動，使手背向前，手心向後，兩臂保持與肩同寬。由下向前往上徐徐提起，提至略與肩

圖2

圖3

平，掌心向下，手指朝前。（圖2）

　　動作2：兩肘微屈，兩腕微坐，由上往下徐徐按在兩胯前，掌心向下，指尖朝前。（圖3）

　　口訣：翻動兩臂，手背朝前，向前往上，徐徐提起，略與肩平。沉肘坐腕，掌心向下，由上往下，落在兩胯前。

　　要點：

　　1. 在演練開始以後，尤其注意練法上的「放鬆」。不僅在意念上要消除緊張狀態，尤其應該有意識地使全身關節、肌肉、整個骨骼鬆開（也就是防開、放展、伸長，使其韌帶拉長）。忌僵硬，要使全身有機地連接成一個整體，有沉重的自我感覺（也就是具體體現人體和基本要領相互溝通的最初的自我感覺，也就是勁的內在感覺）。

　　2. 兩臂上提時，既不能用僵勁，直挺挺地硬往上提，

也不宜空提兩臂，呈現軟塌無著落現象。

3. 注意兩臂自然下垂時之形狀，直中含曲，曲中有直，也就是臂的將展未展，呈向內向弧形形狀。當兩臂提起略與肩平時，屈肘又呈下向弧形形狀，而兩臂下放時，又轉變為上向弧形形狀。這三者形狀各異，似不相同的臂形，但都屬於將展未展同一類臂形。這一臂形將要在整個套路中不斷出現，望學者在學練中注意舉一反三，以此類推的方法，以利於以下的學練。

第二式　攬雀尾

左　掤

動作1：當前式兩臂徐徐下按將至胯前時，即將重心微向左移，使右腳略有鬆動，即以腰帶動向右轉體45°，同時，右腳微離地面向右撇出45°，兩臂微向裏屈，掌心側向下微向左右掤開。（圖4）

動作2：右腿向右腳尖方向屈膝向下蹲，將重心坐在右腿。左腿在原地，自然彎曲，變為虛步。同時右臂由下向上往外向身前屈，右手掌心向下置胸腹之間。左臂微抬由下向裏屈，逐漸翻臂使掌心側向上，置於腹部前

圖4

圖5

圖6

方。兩臂成合狀。（圖5）

　　動作3：當右腿坐實以後，即將左腿向正前方伸出，先使腳跟著地，腳掌虛懸。（圖6）

　　動作4：左腳腳掌著地，將重心向左腿移動，同時右腿向前蹬出，使左腿成弓步。同時腰往右轉，左臂由下向上掤起，其臂略與肩平，掌心側向內，手心略高於肘部。右臂由上向下置於

圖7

右胯前，掌心向下。面向正西，兩眼向前平視。（圖7）

圖8　　　　　　圖9

　　口訣：重心略向左，腰帶右腳開（向右撇開45°），重心右移，屈膝下蹲，右臂由裏向外環，左臂反掌向內環；兩臂上下趁成合狀。坐好右腿，邁出左腿腳跟先著地，重心前移，弓出左腿。左臂捧起，掌心側向裏，右臂按下，掌心側向下，置右胯前。

右　掤

　　動作5：重心略向右移，利用腰的帶動，使左腳向裏扣45°。（圖8、圖9）

　　動作6：以腰帶動，由右向左轉體至左側45°，同時逐漸把重心移至左腿，使右腿轉變為虛步，腳跟微離地面，而右臂也同時由右向左隨腰轉動，經過前方屈至左臂下方，腹部前方，掌心側向下。左肘向下屈，臂向裏合，與

圖10

圖11

胸同高，置左側45°處，掌心側向下，左臂在上，右臂在下成合狀。（圖10）

　　動作7：當左腿坐實以後，順勢提起右腿，向正前方邁出，腳跟先著地，前腳掌虛懸。（圖11、圖12）

　　動作8：右腿隨著左腿向前蹬出，逐漸屈膝成為右弓步。右臂同時由左向前，往上掤起至胸前，掌心略向裏，肘尖略墜，肘尖略高於肘。左臂同時向裏屈，掌心側向外，置右臂下方肘腕之間，指尖距右小臂大約一拳。面向正西，兩眼平視前方。（圖13）

　　口訣：重心略向右，腰帶左腳扣（裏扣45°）。重心左移，身向左轉，右臂環至左臂下方成合狀。提右腿正前邁，腳跟先著地，左腿蹬右腿撐，屈膝弓右腿。右臂由裏向前往上掤，左手往後置右臂下方按。

圖12

圖13

要點：（該要點適用於左右掤）

1. 轉體動作，應以腰部帶動四肢轉動。

2. 腳之外撇與裏扣，應透過轉換步法，在實腿略有鬆動以後，是隨腰轉動，不能硬撐、硬扣或硬撇，呈現僵硬呆板，有失輕靈。但也應注意，出現為轉換而轉換的大幅度轉變的轉換，也是不適宜的。

3. 在做弓步時，應注意虛實交換時腿下之蹬撐兩勁的相互配合，不論是前腿蹬後腿撐，還是後腿蹬前腿撐，兩者都必須協調，避免硬蹬硬撐，空走空出。如果下肢失控，有失協調，雖然腰部有主宰四肢之功能，但要達到上下相隨，更好地完成每一個動作和姿勢，也是不可能的。因之，在太極拳的活動中，特別強調發揮整體活動的作用，也就是發揮相互配合、彼此制約的整體協調作用。太

極拳是一全身運動，這與某些局部活動的運動是有區別的，這一點望認真體會。

4.弓步的做法：每當上步落腳時，先以腳跟著地，然後全腳踏實，五趾抓地，最後膝蓋向前弓出。在此整個過程中，實腿之蹬，虛腿之撐，兩勁之一送一接（尤其是虛腿的撐），要做到既不丟也不頂，丟者失重，頂則僵硬，均不為上乘。如能做到恰到好處，它將為轉換步法的上下相隨，創造了有利條件。

在做弓步定勢時，實腿之蹬出也如同臂之伸出，做到將展未展就可以了。過展也就是硬挺，顯得僵；如果曲度過大，等勁出不來，顯得有勁使不出來。而虛腿之撐，是由緩衝作用，先以腳跟著地，繼之腳板踩地，五趾抓地，然後使膝蓋向前弓出，使弓出之膝蓋與小腿略向前傾，以膝不過腳尖為度，加強前撐力。這樣一蹬一撐，即不丟不頂，顯得下盤有力而穩健。

在做弓步定勢時，前小腿與膝蓋如果呈垂直狀，則撐勁使展不出來，而後腿也蹬不出勁來。如果膝蓋過了腳尖，就會失去重心，而後腿使不出勁來。惟有使小腿與膝蓋呈傾斜，以膝蓋不過腳尖，才能發揮蹬撐兩勁比較完整的力量。

5.左掤與右掤：右手為單手掤，右掤為雙手掤。所謂掤，在此是指以臂之掤勁，將對方擊來之拳或掌架起，使其不得接近。但為什麼左掤的弓步上身呈正直形狀，而右掤之右弓步的上身卻成傾斜狀？在這裏需要說明一下：

由於人體結構不同以及拳式與拳法的要求也不同，所

以，對身法的要求也不同。如果屬順勁，當上肢兩臂伸之，均為同一方向，而軀幹則呈傾斜狀，這時的軀幹與下肢構成整體，就有助於上體力量的增強，也就是人們常說的橫撐抗巨力，立木頂千斤。如果不是同一方向，而是異向的，（如拳式中之右掤，兩臂上下分的，而單鞭和扇通臂是分前後的）。因之軀幹和下肢，只能是以腰為界，保持上身中正，不偏不倚，兩者兼顧了。如果上身是呈傾斜狀，勢必顧此失彼，則不得力，而正直則得力，是兩者兼顧合作之故。關於以上所講幾勢，請習練者最好參看楊公宗師澄甫拳照，或個人親自體驗其中之道理。

6.忌臀部突出。在屈腿下蹲時，請注意收臀部，尤其是體形較肥胖的學者，更應注意。這不僅是外觀不雅，主要是不得力，不舒服，容易憋氣。當然也不是說瘦小的學者就可以不注意收臀。實際上胖人瘦人都一樣，凡是不符合要領要求的形象都不會好看。其形象美的，動作也感到舒服，這就是順。如果不順，自然也就不會美，當然也就不會舒服。

7. 在作左掤之右臂，極易懸肘，而左腿向前邁步時，往往偏向右側；在做右掤時，左肘易懸起，而右腿向前邁步時，也易向左側，這就需要注意沉肩墜肘，鬆腰鬆胯的要領及邁步的穩、準和方位。

攦

動作9：以腰帶動，由正前方向右轉體45°，同時兩臂逐漸翻轉（左手外旋，右手內旋），變兩手心側向相對，

圖14　　　　　　　　圖15

右手側向外，左手側向裏。面向西北，兩眼平視。（圖14）

動作10：仍以腰帶動，兩臂隨體經過正前方，至左側45°處。同時逐漸將重心移至左腿坐實，變右腿為虛步，面向西南。（圖15）

口訣：身向右轉翻動兩臂，右臂外旋，屈臂坐掌，至右側45°，由右向左至左側45°，重心坐在左腿上。

要點：

1. 兩臂轉動做攦狀時，必須隨同轉體翻轉兩臂。注意右臂外旋，左臂朝裏翻，邊走邊轉。手與臂不得分別各自行動。一定要協調一致，並配合下肢，做到上下相隨，方為適當。

2. 這裏著重談談兩臂腋下（稱胳肢窩），當兩臂在運

轉過程中（如做收勢或後坐式），往往臂貼身，夾著胳肢窩。這樣既不舒服，易為人制，極其被動。因之，要求在行拳過程中，兩腋下必須空出大約一拳的距離。這樣，既可為沉肩墜肘、含胸拔背創造條件，也為轉換變動身法與手法留有靈活的餘地，不為人制。再者，從外部形象來看，顯得姿勢寬大舒展，由其勁的內涵更顯得豐滿渾厚，氣勢騰然，給人以美的感受。

過去，在我們家鄉有這麼個傳說，「連拳時要求兩個胳肢窩能夠夾個供養」（供養是河北省民間供神的一種饅頭）。按這種要求去做，可以鍛鍊腋下與上體保持一定距離，使其留有靈活、轉換變轉的餘地，從而養成良好的習慣。

3. 注意攔勢轉動的方向，由正前方至右側45°（西北方向），爾後從右側經過正前方至左側（西南方向），中間環的弧形正好是90°。

擠

動作11：兩臂隨腰由左向右轉體，同時右臂向裏屈，掤右臂，掌心變為側向裏；左臂翻向內轉，變掌心側向外，搭在右小臂近腕處，略離掌跟。（圖16）

動作12：在轉體搭臂的同時，左腿向前蹬出，將重心逐漸移至右腿，成右弓步，左腿蹬直。兩臂也隨腰向前擠出，面向正西，兩眼平視。（圖17）

口訣：屈右臂，翻左掌，左手搭住右小臂，弓出右腿，向前擠出。

圖16

圖17

要點：

1. 向前擠出，肩不要聳起，臀部不要突出，右臂之裏屈仍含有掤意。

2. 左手搭右小臂，應緊貼右小臂。這裏所說的緊貼，是指搭實、搭住的意思。換句話說，不要虛擺在右小臂上。有人在做此動作時，甚至左手連右小臂都不挨，這是不宜的，應在右小臂上搭好，以助其一臂之力。

擠式與右掤式在定式時之區別：擠式之右手搭右小臂，而右掤之左手是在右小臂下方。兩者相同處是右臂都是平曲掤式，手指略高與肘，而手臂之外緣應形成90°弧形。

3. 注意上身勿挺直，應略向前，以免攔腰斷進。

圖18

圖19

按

動作 13：兩臂向左右分開與肩同寬，掌心側向下。（圖18）

動作 14：前腿蹬，後腿撐，以腰帶動，使重心後移，逐漸坐實左腿。同時，兩肘屈，兩手收至胸前，坐兩掌，變兩掌側向前。（圖19）

圖20

動作 15：兩臂隨腰正前按出，同時逐漸將重心向右腿移動，使右腿弓出，成右弓步，面向正西。（圖20）

要點：

1. 兩臂屈肘向胸前收時，應注意含胸，上身不應出現前俯後仰。

2. 兩臂之一收一伸，不宜直來直去，不能僵硬軟塌。

3. 兩手向胸前收時，應隨體後坐，由上而下至胸前微坐兩掌向前推出，掌心向前。在兩手至胸前坐掌時，似環一小弧，但不是有意地環一弧形，更不應該有意識地環一又寬又大的弧形。楊氏太極拳之功架素以舒展寬大著稱，但也是有一定範圍的，如果出了圈，就會失去緊湊，應該是開展中求緊湊，緊湊當中求開展，以適當為好。

4. 做好整體協調，關鍵在兩腿之蹬撐，請注意體會。

第三式　單　鞭

動作1：兩小臂略向下沉，使兩手放平向前引長，掌心向下，重心後移坐於左腿，使右腳掌微離地面。（圖21）

動作2：左臂微向裏屈，手向裏扣平坐左掌，掌心仍向下，做攞狀，重心仍在左腿。（圖22）

動作3：上下肢隨腰轉動，由正西向左轉體，帶動右腳向裏扣135°，同時兩臂隨腰環平弧，以左臂為主在前，右臂在後相隨。當左右手臂環至身後225°（東北角），同時右臂在胸前屈臂平坐掌，同時重心逐漸移向右腿坐實，左腳成虛，腳跟微離地。（圖23）

動作4：兩臂隨腰，由左向右往後轉身，右手由裏向外伸出至西南角，左臂隨同向裏屈，扣腕平坐掌。（圖24）

圖21　　　　　　　　　　圖22

圖23　　　　　　　　　　圖24

圖25

動作5：右手勾吊手，左臂翻向內，掌心朝裏成掤式。
（圖25）

動作6：上身不動，提左腿向正東伸出，置右腳左側。當左腳著地以後，逐漸轉體向正前方，右臂吊手不動，左臂由裏向外轉動，坐掌伸臂向正前方推出。同時左腿向前弓出，成左弓步。面向正東，兩眼正前平視。（圖26、圖27）

口訣：重心後移，兩手置平，右腳板微離地面。左臂平屈坐掌，腰帶扣腳兩臂環。轉過身來，坐過來，兩臂環過去，勾吊手，翻左手，先出步，後轉身，左掌向前伸出，弓出左腿。

要點：

1. 兩臂平環弧，須隨腰轉動，兩腳也隨同腰部將重心

圖26　　　　　　　　圖27

067

由右腿移向左腿。兩臂環弧，先以左臂為主在前，右臂相
隨，爾後又以右臂為主，向裏往後環弧，環弧時左臂相隨
（注意環弧時不宜直來直去）。兩臂之一領一隨，動作須
協調，尤其右臂裏屈平坐掌時，一定要環成弧形。

　　2. 上身應保持中正，尤其兩腿在虛實變換過程中，要
逐漸變。需注意含胸拔背、鬆腰鬆胯。臀部易突出，要注
意收臀。保持軀幹的正直。

　　3. 前面講過，單鞭雖屬弓步，但上身須正直，不宜向
前傾斜，其上身要區別於臂向同一方向做出弓步時的身法
（略向前傾）。同時，在左手向正東按出時，由於右勾手
的需要，上身應略向左轉體，使之兩臂間角度加大，這
樣，兩臂就可以兼顧了，運用也自如了。如果上身向正前
方傾斜，這樣是不能適應右臂吊手需要的。因之，學者應

根據不同拳勢的要求和特點，儘量搞清楚，以免誤解。

4. **頭應隨身轉動**。兩眼應隨同主手前進方向看，但不能死盯著手看，這不僅會呈呆板像，看久後會使頭腦發昏。

5. **吊手之做法**：腕關節向下彎曲，順勢使小指、無名指、中指、拇指垂直合攏，手指彎曲度不宜過大，指尖也不宜死捏在一起。其吊手下垂與掌的正坐、平扣，同屬一個意思，望自己揣摩。

6. 右腳扣轉135°。也就是轉過身來以後，右腳尖所指方向是東南角，而左腳也應相應的提起腳後跟，使腳尖略偏東南角。

7. 注意勁的內涵及整體動作的協調。

第四式　雲　手（左右三個）

動作1：用腰帶動，向右轉體，重心逐漸向右腿移動坐實，左腳也隨同向右扣，趾向正南。同時左臂向裏平屈胸前，掌心側向外（圖28）

動作2：由右向左轉體至左側45°處，重心左移，右腿呈虛步，同時帶動左臂環上弧，變掌心側向外，右手鬆吊手為掌，由上向下環弧。（圖29）

動作3：當上體向右轉動時，重心移至右腿坐實，變右腳跟，右臂由上向下，繼續環弧，左臂由上向下繼續環弧，變掌心側向下。右臂由下屈肘向上掤起，掌心向裏。（圖30）

動作4：提右腳向左收半步落地，腳尖朝前與肩同寬踩成馬步。重心逐漸右移，左腳跟微離地，同時向右側轉

圖28

圖29

圖30

圖31

體，兩臂隨同轉體，右臂由掤逐漸變成掤狀，左臂環至腹前，掌心向裏，面向西南，兩眼向前平視。（圖31）

圖32　　　　　　　　圖33

動作5：左腳向左橫跨半步，內腳緣著地，左臂由下向上掤起至胸前，手心向裏，右臂掌心側向下成攦狀。（圖32）

動作6：重心左移，身向左轉至左側45°處，左臂隨同轉體變掤為攦狀，右臂環下弧至右胯前，掌心向裏。（圖33）

動作7：坐實左腿，提起右腳向左平收半步，兩腳與肩同寬踩成馬步。右臂掤起至胸前，左臂走下弧變掌心向裏，身向左側45°方向不變，面向東南。（圖34）

動作8：重心右移，坐實右腿，左腿成虛步，同時身向右轉至右側45°處，面向西南。同時右臂由掤變攦，手掌由裏向前往下，左臂環下弧至胸前，掌心向裏。（圖35）

圖34

圖35

圖36

圖37

動作9：重複動作與圖32相同。（圖36）

動作10：重複動作與圖33相同。（圖37）

圖38

圖39

動作11：該動作與圖34基本相同，惟右腿向左收腳時，其腳尖應向裏扣45°，指向東南角。因為下式是單鞭，它的扣腳主要是為單鞭做好八字步的準備，不要收成直向前，注意腳與腳之間應保持與肩同寬的距離。（圖38）

動作12：該動作是圖35的繼續，惟重心右移以後，其右腿的方向是指向東南角。右臂掤起隨同向右轉體旋臂變掌心朝下成攦狀，左臂環下弧將做掤狀，掌心朝裏，左腿腳跟離地變為虛步。（圖39）

說明：以上雲手，共做三個。一左一右為一個，即由單鞭開始，做第一個雲手，如圖28至圖31；第二個雲手，如圖32至圖35；第三個雲手，如圖36至圖39。以上三個雲手做完以後，又是接單鞭式。

口訣：

1. 重心右移，身向右轉，左腳裏扣（踩馬步），左臂裏屈。重心左移，身向左轉，重心右移，右臂下環。

2. 跨左腿，左臂掤起，身向左轉，重心左移，左臂下環。收右腿，右臂掤起，身向右轉，重心右移，右臂下環。

3. 跨左腿，左臂掤起，身向左轉，重心左移，左臂下環。收右腿，右腳裏扣，右臂下環向上掤起至右後。

要點：

1. 左右雲手，是以腰帶動四肢，向左右兩側轉動，幅度較大，因此，必須注意以腰帶動四肢徐徐轉動，上下左右必須協調。

073

2. 兩臂之轉動，有上有下，有左有右，相互交替轉動。向左轉動時，是左臂為主，身向左轉，左臂掤起，重心左移，右臂相隨，右臂環下弧，右腳向左收步。如果是向右轉動，就以右臂為主，身向右轉，右臂掤起，重心右移，左臂相隨，左臂環下弧，左腳向左橫跨半步。收腳與跨步，注意兩腳尖都要向裏扣，落腳時用內先落地，爾後再使腳板平踩地成馬步，兩腳尖直向前。

3. 雲手式分一左一右，兩臂均環一上弧一下弧，稱之為一個雲手，通常是做三個，也可以做一個或五個。但按照套路安排，只能做單數，不能做作雙數，並且還得與套路中幾個做連續動作的式子，如摟膝拗步、倒攆猴等相互走成一致，以適應套路整體編排的需要。

4. 在做雲手動作時，特別注意以腰為主帶動四肢向左

右轉動。頭部要隨身轉動至左側與右側45°處。無論是虛實交替一曲一伸，跨步收腳，都要求平穩，式式均勻，不要出現起伏或波浪式的現象，應保持在一個水平面上動作。

5. 雲手動作轉體幅度比較大，分左右上下兩側，轉動的虛實比較明顯。尤其以腰帶腹，對五臟六腑的影響更加突出，鍛鍊效果非常好。但如果做的不得法，只見手動腰不動，上下波動亂擺動，這種做法，不但形象欠佳，其鍛鍊效果也不理想。

6. 在第三個雲手收右腳時，為什麼要向裏扣腳呢？這是為下一式單鞭做八字步準備。不然，下一式做單鞭時，左腿之邁出，就會感到彆扭。為了給下一式步伐上打好基礎，為其創造條件，向裏扣腳是非常必要的。

第五式　單　鞭

動作1：當兩臂雲手至右側（*西南角*）時，右手即勾成吊手，左手外旋掌心向裏掤起，同時面部隨體轉動至右側45°（*西南角*）。右腿坐實，左腿呈虛步，腳跟微離地。（圖40）

動作2：上身不動，左腿提起向左前方伸出，腳跟著地，腳掌虛懸。（圖41）

動作3：左臂內旋隨腰由右向左轉體，由胸前向左前方伸出，掌心側向前，右臂略偏向西南。同時左腿逐漸屈膝，成左弓步，面向正東，兩眼正前平視。（圖42）

口訣：勾吊手，翻左手，先邁步（左腿），後轉身（向左前方），弓腿推掌協調出。

圖40

圖41

圖42

圖43

圖44

第六式　高探馬

動作1：由左向右轉體，重心逐漸向右腿移動坐實，使左腳呈虛步，腳掌微離地面。同時使吊手變掌伸展，掌心向下，而左掌隨臂外旋，使掌心向上。（圖43）

動作2：兩臂隨腰，轉體向右。右臂裏屈，由後向前屈至胸前，掌緣朝前。（圖44）

動作3：逐漸向左轉體，坐實右腿，即將左腿稍提起，變腳跟離地、前掌著地成虛步。（圖45）

動作4：右掌掌心朝下，掌緣朝前，由胸前向上往前探出。同時左臂向裏往後屈，使左掌收至左肋前，掌心朝上，面向正東，兩眼正前平視。（圖46）

口訣：翻左掌（掌心側向上），鬆開吊手，屈右臂，

圖45　　　　　　　　　　圖46

掌緣向前探出。左臂收至左肋前，擺正左腳成虛步。

要點：

1. 向右移動重心時，必須同時向右轉體，順著左腳方向將重心坐穩，左腿自然能提得起。如不轉體，就會感到提腿吃力，只能勉強將左腳拖回。

2. 高探馬是以右掌緣向前探出（也就是擊出），.因之，注意右手裏扣平坐腕，不得用五指向前伸出。

3. 高探馬是左虛步高姿勢，與「白鶴晾翅」相同，都是用腳前掌地。因之，姿勢較「提手上勢」和「手揮琵琶」要高。而「提手上勢」和「手揮琵琶」都是以腳跟著地，步伐較大較長，因之，姿勢較低。

圖47　　　　　　　　　　圖48

第七式　右分腳

動作1：兩臂隨腰向右轉體，重心右移坐實右腿，左腿自成虛步，腳掌著地。同時，右臂由前向右，左臂由裏向左，平抹環弧。（圖47）

動作2：兩臂繼續平抹環弧，左臂向前，右臂往裏。（圖48）

動作3：重心逐漸右移，將右腿坐實，隨即將左腿向左側45°處邁出，成左斜虛步，腳跟著地，兩臂仍平環。（圖49）

動作4：兩臂環繞至胸前時，重心開始向左腿移動。（圖50）

動作5：重心逐漸左移，弓出左腿，成左弓步。兩臂隨著左腿之弓出，左臂環至左胸前屈肘，掌心側向裏，肘

圖49

圖50

圖51

膝相對；右臂環至右前方，屈肘坐掌，掌心側向外。此
時，在左側做出弓步擺狀，面向東南方向。（圖51）

圖52

圖53

動作6：兩臂隨腰，向左轉體，由右側45度處，平攦至左側45度處，兩臂相合，搭成斜十字，左掌在裏，右掌在外，掌心都向裏，面向東北。（圖52）

動作7：重心前移，站起左腿，提起右腿，腳尖朝下，腳面略繃。（圖53）

動作8：右腿以右腳面，向右側踢出，同時兩臂分前後展開，坐腕舒指，掌心均向外，右腿右臂膝肘相對，均為東南方向，左臂在左側展開，面向東南，兩眼正前平視。（圖54）

口訣：身向右轉，重心右移，兩臂平抹。右臂由前向右往裏，左臂由裏往左朝前。坐好右腿，邁出左腿，左側做出弓步攦狀。攦過來（由右側平攦至左側），兩臂合成十字站起來，提起右腿踢出去，兩臂同時前後開。

圖54

要點：

1. 兩臂環弧均為平抹，各環一圓周。右臂由正前方，向右往裏，再由裏向左往前，方向坐落在東南，正好是一圓周。而左臂以相反的方向，由裏向左往前，再由前向右往裏環弧平抹，置右臂下方肘腕之間，作成弓步攦狀。兩臂在整個平抹環弧過程中，右臂一直在上方，左臂一直在下方，上下不得變動。

2. 此攦狀，上肢動作與「攬雀尾」中之攦式基本相同，但下肢並非左坐腿，而是左弓步。注意膝肘兩者是相對的。左腳尖所指方向是東北角，而胸腹和面部均向東南角。當兩臂攦至左側雙手搭成斜十字時，方向正是左斜角。踢出之右腿連同身子都是右斜角。兩眼隨體轉動均正視前方。

3. 完成攦狀過程，是以腰為主，使整個軀幹轉動。臂與手之轉動一定要隨同軀幹的轉動，不得脫離軀幹，而上肢單獨轉動，就不能體現以腰為主宰的作用。

4. 左腿的站起，是自然直立，不能有意識的彎曲，但也不能直挺。分腳時均以腳面踢出。

圖55

5. 兩臂搭成斜十字，如果踢右腳，右手在外，如果踢左腳，則左手在外。

第八式　左分腳

動作1：左臂向裏屈至胸前，掌心向下，右臂同時外旋，掌心側向上。兩掌上下相對。屈右腿，腳尖自然下垂。（圖55）

動作2：坐左腿，落右腿，腳跟著地，前腳掌虛懸。方向指向東南。（圖56）

動作3：兩臂同時平抹環弧，右臂由前向左往裏，置胸前。左臂由裏向右往前，置右臂左前方。在此同時，弓右腿成右弓步。兩臂在右側逐漸形成攦狀。左臂在上，右臂在下，右手在左臂肘腕之間，右肘與右膝相對。（圖57、58）

動作4：由左向右轉體，兩臂隨腰攦至右側，兩臂相

圖56

圖57

圖58

圖59

合，搭成十字，左臂在外，右臂在裏，兩手背向外。同時重心移至右腿，左腳跟離地。（圖59）

圖60   圖61

　　動作5：重心前移，站起右腿，提起左腿，左腳自然下垂，腳面略繃。（圖60）

　　動作6：左腿以左腳面向左側踢出，同時兩臂向左右兩側分開放展，兩掌微坐，掌心側相外。左腿左臂膝肘相對，面向東北，兩眼平視正前。（圖61）

　　口訣：屈右腿，屈左臂，翻右掌（右臂外旋，掌心側向上），兩掌側相對。坐左腿，落右腿，弓右腿，兩臂平環起。前往後（右臂由前向左往裏），裏朝外（左臂由裏朝右往前），右側做出攦狀來。攦過來（由左側平攦至右側），兩臂合起來（成斜十字），站起來（右腿），提起腿來（左腿）踢出去（用腳面），兩臂同時前後開。

　　要點：

　　該式與右分腳做法基本相同，是一左一右對稱的，而

圖62

圖63

此式之兩臂平抹環弧時，較右式略簡單些，其餘與右式相同。

第九式　轉身左蹬腳

動作1：左腿向下屈，腳尖朝下。（圖62）

動作2：左臂裏屈，掌心側向裏，右臂外旋，掌心側向外，左腿放下不落地，略向右側自然伸直。（圖63）

動作3：以右腳跟為軸，向左後轉體135°，由東北角轉向正西，左腿屈回，腳尖向下，腳面略繃，右腿仍直立，兩臂在胸前相合，交叉成斜十字。左臂在外，右臂在裏，兩手背均朝外。（圖64）

動作4：兩臂向前後兩側分開，左臂正西分出，右臂右後東北方向分出，掌心側向外。同時，左腿以腳跟，使

圖64

圖65

全腳掌向正西方向蹬出，腳尖朝上。面向正西，兩眼平
視。（圖65）

口訣：屈左腿，翻左掌（掌心側向上），轉身兩臂合
（轉向左後），提腿正前蹬（用左腳跟蹬，全腳掌出），
兩臂同時開。

要點：

1. 該式是單腿向左後轉體135度，腿之虛實不變，只
是方向變。因之其轉體應以腳跟為軸，腳掌微離地面，以
腰帶動全身向左後轉體135度。轉身以後，右腳指向西北
角，左腿的方向是正西。

2. 在套路中之蹬腳都是正面蹬出，蹬腳不分左右，都
是用腳跟以全腳掌蹬出。而分腳是在側面，用腳面踢出，
因之做分腳時，如果向右踢出，則右腳微繃腳面向對方斜

圖66　　　　　　　　圖67

踢出；如果向左踢出，就用左
腳面向對方斜踢出。

第十式　左摟膝拗步

動作1：左腿屈回。（圖
66）

動作2：右臂由後向前外
旋裏屈。（圖67）

動作3：坐右腿，落左
腿，腳跟先著地，右臂由後向
前環上弧，掌心側向上，再由

圖68

上向下往後環弧，爾後小臂上屈坐掌，掌心側向外。左臂
由前向後往裏環至胸前，屈臂坐掌。（圖68）

圖69

圖70

動作4：四肢隨腰向左轉體，左臂由裏往前向下，經膝前收至左膝旁，右臂屈肘坐掌向前擊出。同時，重心前移，弓左腿，成左弓步。面向正西，兩眼向前平視。（圖69、圖70）

口訣：翻右掌，由後向前環大弧，屈臂坐掌（包括左臂之裏曲），坐右腿，落左腿，轉身（向左轉體）環膝，弓腿（弓左腿），出掌（右臂伸出）。

要點：

1. 在整體協調上，右臂之環弧，弧度比較大，在過渡中應與坐右腿、落左腳在速度上相互協調好。由右向左轉體移動重心，右臂之屈臂坐掌，左臂由胸前環至正前方，也要在速度上配合好。在做弓步時，左腿撐，右腿蹬，重心逐漸前移的過程，仍要與右臂向前推掌、左臂向後收掌

圖71

相互配合，全部動作都得做到速度均勻，上下相隨。

2. 兩臂在環弧過程中，兩肘極易懸起，因之，在屈臂時，肘宜下沉，使小臂上屈。如果將小臂抬平以後再屈，易形成懸肘，故在沉肩墜肘的基礎上，使小臂上挑，緊接著坐腕伸指，這樣就不會出現懸肘的情形了。

第十一式　手揮琵琶

動作1：重心前移，順勢提起右腿，向前墊半步，後腳離地。（圖71）

動作2：右腳落地，重心後移，坐實右腿，左腿向左前方伸出成虛步，腳跟著地，腳掌虛懸。同時兩臂隨腰，左臂向上屈置平，掌心向右；右臂屈肘，由前向後略向下收，至右胸前置左臂內側，掌心側向下。面向正東，兩眼

圖72　　　　　　圖73

正前平視。（圖72）

　　口訣：重心前移，提右腿墊半步，重心後移，右臂由前向後，左臂由下往上，屈兩肘，右手置左肘內側，同時邁出左腿，腳跟著地。前腳掌虛懸。

　　要點：

　　1.該式為墊步後坐，虛步著地式，須在墊步時，注意收臀以及練法上的放鬆，鬆腰，鬆胯。重心移動時，注意上體的中正不偏，下肢平穩。

　　2.兩臂之一起一收，均應隨腰轉動，其肩不可聳，肘也不得虛懸。右臂裏旋，才有採意，左臂外旋，方有挒意。

　　3.該勢之定式與提手上勢，似一左一右，實際上是有區別的，提手上勢用的是合力，而手揮琵琶是左挒右採，主要是用法的要求不同，另外式與式銜接變轉的過程也不

圖74　　　　　　　　　　圖75

相同。

第十二式　高探馬穿掌

動作1：重心不動，坐實右腿，提起左腳，變腳跟著地為腳掌著地。同時兩臂翻動，左掌向上變為側向上，右掌向下翻變掌心側向下，掌向裏扣置胸前。（圖73）

動作2：兩腿原地不動，兩臂同時前後拉開，左臂由前向後至腹部左側，右掌由裏向前探出，掌緣向前。（圖74）

動作3：左腳變腳跟著地，逐漸向前移動重心至左腳踏實，成左弓步。右臂由前向後裏屈，收至左腋下，左臂由裏向前，經右腕上方向前穿出，掌心向上，五指朝前。（圖75）

口訣：翻左掌（掌側向上），鬆開吊手屈右臂，右掌向前探，左掌收腹旁，擺正左腳成虛步。邁左腳，成弓步，出左臂，右掌收至左腋下。

要點：

1. 該式是在原高探馬的基礎上，又增加了一個左掌，前部分可按高探馬式的動作做，但比原高探馬式要簡單些。兩腿虛實不變，只是變左腳為腳掌著地，而兩臂也只是少許翻動，變左掌心側向上，右掌心側向下。而後兩臂前後拉開，右掌向前伸出，左掌收至腹部左側。

2. 穿掌部分，是在右臂以橫掌向對方脛部擊出以後，緊接著又以左掌向對方面門及用左掌虎口向對方脛部擊出。這部分動作，注意伸出左腳弓步時，要與兩臂之一收一出相互協調。其上身略向前傾斜，伸出之左臂，注意將展未展，不宜挺直，也不宜向上彎曲度過大，以免僵硬和疲軟的出現。上身正對前方，不宜向一側偏。

第十三式　轉身十字腿

動作1：重心後移，身向右轉，並帶動左腳裏扣135°，當左腳扣過來以後，即將重心轉向左腿坐實，右腿呈虛步，腳跟離地。兩臂隨同轉體，左臂裏屈，掌心向裏，右臂外旋，掌心向裏，由左腋下向右與左臂搭成十字手，右臂在外，左臂在裏。（圖76）

動作2：站起左腿，提起右腿，用腳跟以全腳掌向正前方蹬出，同時兩臂亦隨之前後分開，兩掌坐腕，掌心均向外。右腿右臂同一方向為正西，左臂相應地置左後。右

圖76

圖77

圖78

圖79

腿蹬出後，當即屈回小腿，腳尖向下，略有繃意。面向正
前方。（圖77～圖79）

口訣：重心右移，左腳裏扣，扣過來，坐過來，兩臂左側合，站起來（左腿），提起腿來（右腿），蹬出去，兩臂同時開。

要點：

1. 十字腿之動作，實際上是由前向右後轉身之右蹬腳，可按第9式轉身左蹬腳要領去做，惟在手法上略有不同。十字腿在轉身後，右掌有向對方胸部衝擊的意思，這與雙手掤之左蹬腳稍有不同。

2. 兩臂應由裏向外滾動，翻轉兩掌，肘尖下墜，由掤意轉採狀，勿空來空去，使上下肢失調失控。單腿不宜支撐，出現搖晃，所謂整體協調，是非常需要內在的有機聯繫。一節連一節，一環套一環，尤其顯得重要。在整個套路當中，每一式和每一個動作，都不能顧此失彼。練拳如此，生活如此，工作何嘗不是如此。

第十四式　左打虎式

動作1：坐左腿，落右腿，右腳腳跟先著地，腳尖向裏扣成45°角。（圖80）

動作2：重心逐漸移至右腿坐實，使左腳成虛步，腳跟離地。左臂同時向裏屈，掌心側向上，掤至右臂下方肘腕之間，形成攦式狀。（圖81）

動作3：左腳提起向左前方邁出，當腳跟著地以後，即四肢隨腰，由右而左轉體，使重心逐漸移向左腿成弓步。左臂逐漸握拳，由右向下往左再往上，屈至額頭前上方，拳眼向下，拳心向外。右臂也逐漸握拳，隨同左臂環

圖80

圖81

圖82

圖83

下弧，至腹部前方，拳眼向上，拳心向裏，兩拳眼上下相
對。面向正前方，兩眼正前平視。（圖82、圖83）

口訣：坐左腿，落右腿，右腳尖裏扣。重心右移，左臂裏屈，左手置右臂肘腕之間，形成攦狀。左腿向正前邁出，逐漸成弓步。兩臂隨腰，由右向左，由上往下環正圓弧，左臂向上屈至額頭前上方，拳心向外，右臂屈至腹部前方，拳心向裏，兩拳眼相對。

要點：

1. 動作1中坐左腿，落右腿，右腳尖向裏扣45°，這主要是為左腿左側正前方邁步，做好八字步準備。

2. 左臂環的是正圓弧，比較大，是向下往上環一圓周的四分之三，約270°，逐漸握拳，置頭部前上方。此時應注意手腕向下扣，使左臂掤圓。而右臂由上往下，逐漸握拳屈至腹部前方時，也應注意手腕向裏扣，並使胳肢窩空出，肘尖向外撐。這樣，右臂在下方，自然也能掤圓。

3. **拳的握法：**食指、中指、無名指、小指四指併攏裏屈，而拇指向下屈，緊貼食指，將拳握好。拳面宜平，握拳之手不宜用力過大，用力過大容易受其局限，使拳出現僵硬，但也不能握得過鬆，出現疲軟。打虎式之握拳，注意撐肘扣腕，兩臂走圓，這尤其顯得該式豐滿壯觀。

4. **注意四肢隨腰轉動，上下相隨。**尤其左腿之弓膝，更須注意速度之協調，勿先將膝弓出。不要出現上動下不動或下動上不動的情況。

第十五式　右打虎式

動作1：重心向後移，用腰部帶動四肢，向右向後轉體，使左腳裏扣，兩臂亦同向後轉動。當左腳扣至

圖84

圖85

135°時，重心逐漸移向左腿坐實，右腿呈虛步。兩臂由上而下置平，逐漸鬆拳變掌呈擺狀。（圖84、圖85）

　　動作2：提右腿，向正前方（正南）邁出，腳跟著地，腳掌虛懸（圖86）

　　動作3：由左向右轉體，逐漸移動重心，使右膝向前弓出。兩臂也隨同環弧，右臂由上向下，左臂亦隨之下屈（圖87）。

圖86

　　動作4：右腿逐漸弓出，成右弓步。右臂向外翻動，

圖87

圖88

逐漸握拳屈至右額前上方，拳心向外，拳眼向下。左臂屈肘逐漸握拳，扣腕坐拳置腹部前方，拳心向裏，拳眼朝上，兩拳眼相對。面向正南，兩眼平視。（圖88）

口訣：重心後移，腰帶左腳扣（135°）。扣過來（左腳），坐過來，兩臂放下來（置平形成攦狀），右腿邁出去，逐漸弓腿，兩臂隨腰，由左向右，由上往下環正圓弧，右臂向上去屈至頭部上方，拳心向外，左臂屈至腹部前方，拳心向裏，兩拳眼相對。

要點：

1. 此式與左打虎式是對稱的，一左一右，除了在接轉處略有不同外，當做出攦狀後，其環臂與弓步動作基本上是相同的。要點可參照左打虎式之說明。

2. 在左腳裏扣135°以後，重心逐漸向左腿倒的時候，

圖89

其左臂應同時落下放平，並與右手共同做出攦狀。

3. 注意腳之邁出著地以後，兩臂當即隨同腰腿轉動而進行環臂。腳不著地，請勿轉動。連邁步帶轉體環臂，這是不妥的，要注意其根在腳，發於腿，主宰於腰，行於手指的程序，這是不能違背的。其他拳勢，也必須遵循這一程序進行。

第十六式　回身右蹬腳

動作1：先將左腳向左撇出90°，而後四肢隨腰，由右向左轉體。左臂隨之由下向左往上掤起，右臂也隨同由上而下。（圖89）

動作2：繼續轉體至左側，同時使右腳也向裏扣90度，坐實左腿。右臂亦隨之向左往上，扣腕屈臂，置左臂

圖90

圖91

外側，兩臂搭成斜十字，兩拳心向裏，身偏左側。兩眼正前平視。（圖90）

動作3：站起左腿，提起右腿，向正前方蹬出，同時兩手鬆拳向左右分開，掌心側向外。右臂指向正東，左臂指向西北，眼看正東。（圖91）

口訣：左腳打開（向左撇出90°），身向左轉，重心左移，右腳裏扣，右臂環過來，兩臂合起來，站起來（左腳），提起腿來（左腿），蹬出去，兩臂同時開。

要點：

1. 此式為正前方右蹬腳，因之，在動作一開始，先將左腳向外撇出90°，為右蹬腳向正前創造條件。

2. 蹬腳動作，可參照左蹬腳。

第十七式　雙峰貫耳

動作1：右腿向下屈，腳尖自然下垂，腳面略繃。以腰帶動，用左腳跟向右轉體45°踏實。兩臂隨同轉體也轉向右側，左臂由左向右環至正前，兩臂與肩同寬，掌心均向上，置右膝上方。（圖92～圖94）

動作2：坐左腿，落右腿，右腿呈虛步，右腳跟著地，腳掌虛懸。同時兩臂屈

圖92

圖93

圖94

圖95

圖96

肘向後往下至兩肋旁，掌心側向上。（圖95～圖97）

　　動作3：重心逐漸向右腿移動，弓出右腿，成右弓步。兩臂逐漸向後往上，屈臂翻掌環大弧，由後向前往上握拳，拳向裏扣，兩拳眼側相對，拳心側向外，橫打對方左右額。兩眼平視，面向東南。（圖98、圖99）

　　口訣：半面右轉身，左臂環過來，兩臂與肩同寬。坐左腿，落右腿，逐漸弓

圖97

圖98　　　　　　　　　圖99

腿，兩肘向後收至腰際，兩手向左右環，屈臂握拳向上往前擊出，兩拳眼側相對。

要點：

1. 向右轉體45°，只是方向變，而虛實不變。是用腳跟轉動，注意轉體時之整體協調，以免身體搖晃。

2. 此式分三步完成：①轉體；②坐腿收臂；③弓步出擊。這三步都需要相互配合好。尤其出擊的動作，上兩臂的難度較大，是由下而上，從兩側向中間合擊。在翻掌、扣拳、掄打過程中，下肢弓腿的蹬撐兩勁，要為上肢奠定穩妥的基礎。

3. 兩拳向裏扣，兩肘向外撐，兩臂走成弧形，用側面拳向對方兩鬢擊打，因之其拳眼是側相對的，不要做成正相對。

圖100   圖101

第十八式　左蹬腳

動作1：重心逐漸向右腿移動，使左腳離地。兩臂分別由上向左右，再向下，復至胸前搭成斜十字，左臂在外，兩拳心向裏。（圖100、圖101）

動作2：站起右腿，提起左腿，向正前方蹬出。兩手逐漸鬆拳變掌，兩臂分別向左右展開，左臂在正前方，右臂在右側，兩掌心側向外。面向正東，兩眼向前平視。（圖102）

口訣：重心右移，兩臂合起來，站起來（右腿），提起腿來（左腿），向前蹬出，兩臂同時開。

要點：

此式要點可參照第16式回身右蹬腳。

圖102　　　　　　　圖103

第十九式　轉身撇身捶

動作1：左腿自然下屈，腳尖朝下，腳呈繃意。（圖103）

動作2：左腿向左下方伸出，左臂略向裏屈，掌心朝裏。右臂向下翻轉，掌心側向下。四肢隨腰，以右腳掌為軸，左腳由左向右內旋，轉體360°，左腳落地，趾向東北方向，重心左移，坐實左腿，變右腳為虛步，腳跟著地，前腳掌虛懸。兩臂隨體轉身，當左腳落地，重心左移，左臂即屈臂坐掌置左肋旁，右臂逐漸握拳，由前向下朝裏，再翻轉扣拳，以拳背向前擊出置胸前，掌心向裏。（圖104～圖106）

動作3：弓出右腿成右弓步，左掌向前推出，右拳由

圖104

圖105

圖106

圖107

上而下收在右胯旁，拳向上扣，拳心向上。（圖107）

　　口訣：左腿下屈，左後伸出，左臂略向裏屈，右臂向

下翻轉。四肢隨腰，右腳為軸，由左向右旋，轉體三百六。左腳落地，趾向東北，重心左移，坐實左腿，右腳成虛步。左臂屈臂坐掌置肋旁，右臂握拳向裏翻腕向前擊。弓右腿，推左掌，右拳由上而下收胯旁。

要點：

1. 轉體動作幅度比較大（連轉體帶跨步為360°），在跨步轉身以後，雖然方向仍回原來方向，但下肢虛實有變，用前腳掌轉體，如果虛實不變，就用腳跟轉了。

2. 撇身捶是以拳背擊打對方面部，繼之，落拳推掌。擊出之拳，應該向裏扣，使拳背向外，這樣，就會感到右拳不空，如果不扣即空。扣拳與坐掌都屬坐腕範疇，雖然拳有上下、正反、平側多種扣法，但道理是一致的。掌也是如此。

3. 一個姿勢的完成，畫分成幾個部分，這是為了學者方便。在實際演練時要注意動作中的相互聯繫、貫穿，也就是整體協調。

第二十式　進步指襠捶

動作1：重心略向後，腰帶右腳向右撇45°，重心前移，提左腿向前邁出，腳跟先著地。左臂向裏屈至腹部前方，右拳收至右胯旁。（圖108、圖109）

動作2：重心前移，弓左腿成弓步。左臂由裏向外環繞，經膝前收至左膝旁，掌心向下，五指朝前。右拳隨腰轉動由後向前，朝對方襠部擊出，拳眼側向上，拳面側朝前。（圖110）

107

圖108

圖109

口訣：重心略向後，腰帶右腳開，重心向前移，左腿向前邁，左臂屈腹部，右拳收胯旁。弓左腿，環左臂，掌朝下，指向前，由裏向外收膝旁。右拳眼，側向上，隨腰向前襠部擊。

要點：

1.指襠捶是以拳擊打對方下身，具體高低以己比人，大約斜下45°。

圖110

2.上步屈臂之轉身，不宜過大，實際上順著腳尖方向轉體45°就可以了。

| 圖111 | 圖112 |

3.出拳時，應隨同轉體逐漸翻臂轉拳，變拳眼朝上，拳面向前，注意轉體、翻臂、出拳三者一致。

第二十一式　如封似閉

動作1：重心後移，身向右轉，逐漸坐實右腿。同時左臂向裏屈，掌心側向內，由裏向外環，經右臂下方至左胸前，右臂鬆拳變掌，掌心側向上，由下往上朝左向裏，環至左臂內側。（圖111、圖112）

動作2：逐漸由右向左轉體，同時兩臂內旋，分左右屈至胸前坐掌，掌心向前。（圖113）

動作3：重心向前移動，弓出左腿成左弓步，兩臂同時向前按出。面向正東，兩眼正前平視。（圖114）

口訣：重心後移，身向右轉，兩臂環起，前往後，裏

圖113	圖114

朝外。身向左轉，兩掌坐起，兩臂隨同弓步，向前按出。

要點：

1. 兩臂環繞，左臂由裏向外只環 90° 弧，而右臂由前往後，基本上環 180° 的弧，都到胸前，向內旋轉坐掌。

2. 兩臂環繞的同時，重心的移動和轉體都必須協調。另外兩胳肢窩一定空出，不然，就會出現兩臂緊帖上身的情況，動作不自如，外形不飽滿，沒有掤勁，易被人制。

第二十二式　十字手

動作1：兩掌微相向裏合成弧形，重心逐漸向後移。左腳隨同向右轉體扣 90°，趾向正南。兩臂同時向左右兩側分開，右臂略向西南方向在前，左臂略向正東方向在後，兩掌心側向下，兩眼注視右臂前方。（圖115）

圖115

圖116

動作3：重心逐漸移至左腿坐實，右腿成虛步，右腳跟微離地面。兩臂同時向下環弧，兩掌隨臂向內翻，掌心朝裏。（圖116）

動作4：左腿坐穩，右腳尖向裏扣，提起收至左腳右側，腳尖正前，與肩同寬，踩成馬步。當右腳落地以後，即將重心向右腿移動坐實。同時兩臂由下向裏，兩小臂相合，成斜十字形與胸前，右臂在外，掌心均向裏，面向正南，兩眼正前平視。（圖117）

口訣：重心後移，兩手搭弧，身向右側轉。兩臂左右分，左腳向右扣，重心倒在左腿上。收右腳，踩馬步，兩臂掤起眼平視。

要點：

1. 兩臂左右分開時，雖是大開大展，但兩臂宜平，略

圖117

高也可以，但不能太高，以防兩肘懸起。

2. 收右腳，移重心，踩成馬步，是兩腿負重。

3. 兩臂交叉十字後，注意肘尖下沉外撐，兩臂掤圓。注意鬆腰鬆胯，虛領頂勁，臀部勿外突。

第二十三式　抱虎歸山

動作1：重心略向右移，左腳裏扣，坐實左腿，右腳變虛，左臂向下環弧至腹前，右臂內旋屈至胸前，掌心側向下。左臂繼續由下向上將近抬平，即屈小臂坐掌，右手隨腰由上經胸前向下環至腹部前方，掌心向下。（圖118、圖119）

動作2：提起右腿向前邁出，腳跟先著地。四肢隨腰，右手由左向右經過膝前，環至右膝旁，掌心向下，手

圖118

圖119

圖120

圖121

指朝前。左臂正前伸出，掌心朝前，同時右腿向前弓出，成弓步。面向西北眼平視。（圖120、圖121）

圖122　　　　　　　　　　圖123

口訣：重心略向右，腰帶左腳扣，坐左腿，環左臂，翻右掌。提腿邁步，轉身，弓腿，環膝，推掌。

動作3：掘、擠、按三式，其動作與攔雀尾相同。請照下面口訣動作：

掘：重心後移，右臂搭出，左手置右臂肘腕之間成掘狀。（圖122）

擠：屈臂，搭臂，轉身，弓腿，擠出。（圖123、圖124）

按：分開兩臂，掌心側向下，重心後移，兩臂屈胸前，微坐兩掌，掌心側向前，弓右腿，兩掌平推直按向前伸。（圖125～圖127）

要點：

該式雖然在用法上與摟膝拗步有所不同，但做法與動

圖124

圖125

圖126

圖127

作要求基本相同。抱虎歸山式還包括攦、擠、按三式,其
動作和要點與前攬雀尾中的攦、擠、按三式相同,惟面向

圖128　　　　　　　　圖129

西北，為斜方向。

第二十四式　斜單鞭

動作1：兩小臂略向下沉，使兩手放平向前引長，掌心向下，重心後移坐於左腿，使右腳掌微離地面。（圖128）

動作2：左臂微向裏屈，手向裏扣平坐左掌，掌心仍向下，做採狀，重心仍在左腿。（圖129）

動作3：上下肢隨腰轉動，由西北向左轉體，帶動右腳向裏扣135°（腳尖指向正南），同時兩臂隨腰環平弧，左臂為主在前，右臂在後相隨。當左右手臂環至身後225°（東北角），同時右臂在胸前屈臂平坐掌時，重心逐漸移向右腿坐實，左腳虛，腳跟微離地。（圖130）

圖130

圖131

　　動作4：兩臂隨腰，由左向右往後轉身，右手由裏向外伸出至右側（正西），左臂隨同向裏屈，掌心向下，扣腕平坐掌。（圖131）

　　動作5：右手勾吊手，左小臂外旋，掌心朝裏，與胸同高成掤式。（圖132）

　　動作6：上身不動，提左腿向左前45°（東南角）伸出。當左腳著地以後，逐漸向左轉體，右臂吊手不

圖132

圖133

圖134

動，左臂逐漸內旋由裏向外轉動，坐掌伸臂向東南角推出。同時左腿向前弓出，成左弓步。面向東南角，兩眼正前平視。（圖133、圖134）

此單鞭動作，上接《抱虎歸山》之按式，其基礎是斜方向，因之，在此基礎上當整個單鞭動作完成以後，正好還擺成斜式，故稱之為斜單鞭。

口訣：同第三式單鞭。

要點：同第三式單鞭。

第二十五式　肘底捶

動作1：重心前移，右腳微離地面，腰帶向左轉體，右腳向右橫跨半步，置左腳外側。同時兩臂隨腰轉動，右手鬆開吊手變掌，兩手心側向下。（圖135、圖136）

圖135

圖136

圖137

　　動作2：重心後移，左臂向左下環弧，右臂平屈。
（圖137）

圖138　　　　　　　圖139

　　動作3：坐穩右腿，邁出左腿，腳後跟著地，前腳掌虛懸。左臂上屈坐掌成托狀，指尖向上，掌緣朝前。右手握拳向裏扣，置左肘側下方。（圖138）

　　口訣：重心前移，右腳微離地。鬆吊手，橫跨步，腰帶四肢左轉體。移重心，實右腿，邁出左腿成虛步。左臂下環上屈成托掌，右手握拳扣腕左肘合。

　　要點：

　　1. 該式由斜單鞭式做起，中間免去了過渡式，直接做肘底捶。它也是分解成三步完成：①跨步轉身；②環臂後坐；③出步托掌扣拳。這三步當中雖然都強調上下相隨，整體協調，但其中的第二步難度較大，尤其左臂由上而下成攦狀環下弧與右臂平曲裏扣，重心後坐，往往出現單純的以手畫圈，失去整體協調，因之，仍強調墜肘、坐腕、

圖140　　　　　　　　圖141

撐臂、沉肩、隨腰，為整體協調創造條件，這樣才能使第三步的出腿、托掌、扣拳完成得更好。

2.肘底也就是肘的下方，並不是正對肘尖。右臂應該注意肘向外撐，拳向裏扣，這樣，右臂就能走圓了。

3.右腕裏扣，拳面向左，這是用拳面橫擊對方腋下肋部，不扣拳用拳心拍打，是不對的。還應注意臀部勿突出。

第二十六式　左金雞獨立

動作1：左腿提起向後撤半步坐實。（圖139、圖140）

動作2：左腿站直，右腿屈膝提起，腳尖向下垂，腳面微繃。同時左臂掌心向下，由前向後往下置左胯旁，五指朝前，右臂坐掌向上托起，虎口向裏朝上。（圖141）

口訣：撤左腿，移重心，左腿站，右腿提，左掌向後按胯旁，右臂上屈變托掌。

要點：

1. 此式直接撤步、坐實、站立與原傳統套路由單鞭下勢接左金雞獨立略有不同。只要注意勿呈起伏狀，坐得穩，站得穩就可以了。但左腿站直以後，不要影響左臂之沉肩墜肘。

圖142

2. **右臂的托**：沉肩、墜肘、坐腕、舒指，必須貫穿。注意肘勿懸起，手尖不要超出鼻尖。

第二十七式　右金雞獨立

動作：坐左腿，撤右腿，重心右移。站起右腿，提起左腿，左腳面微繃，腳尖朝下。同時左臂向上屈肘托掌，肘尖下垂，掌心向右，指尖朝上。右掌由前往後，按於右胯旁，掌心朝下，五指向前，肘尖向後。身偏右側，面向正東，兩眼正前平視。（圖142）

口訣：坐左腿，撤右腿，右腿站起來，左腿提起來，左手托起來，右手置胯旁。

要點：

一左一右，動作做法都一樣，請參照前式。

圖143

圖144

第二十八式　倒攆猴

動作1：兩臂外旋，掌心向上。左臂向前伸出，右臂由下往側後，向上屈臂坐掌，掌心側向前。坐右腿，撤左腿，左腳向後撤半步，腳尖先著地，落腳踩成八字步。（圖143）

動作2：身向左轉，重心後移，坐實左腿，右腿成虛步，順勢將右腳轉正，右腳平踩地。同時隨腰，左臂由前向下收至左胯旁，掌心朝上，右臂屈臂坐掌向前擊出。身偏左側45°，面向正東，兩眼正前平視。（圖144）

口訣：翻兩臂，掌向上，前伸後環坐右掌。坐右腿，撤左步，重心後移左轉體，腰帶左手收胯旁，右臂坐掌向前擊。

要點：

1. 倒攆猴動作是在後撤步的同時又以掌出擊對方，這種倒退的做法人們不大習慣。因此，撤步落腳比較亂，影響了姿勢的正確。為了做到心中有數，當左腿後撤時，注意上身不要轉動，仍保持偏向45°，而左腿可以直向後伸，當左腳將要著地時，將腳尖外撤45°。這樣，內腳緣著地，就可以放在右腳跟的左側，而兩腳正好是一條中心線的左右兩側，符合虛實步的要求。

如果上體轉動，就會使左腳偏離中心線，自然姿勢也就會出現非左即右的情況了。

2. 只顧撤步而忽略了掌的擊出，這是初學者常犯的毛病。應在腳著地轉動的同時，出臂推掌，最好這一掌真正能夠體現出有擊打的意思。

第二十九式　斜飛式

動作1：兩臂向左下環弧，左臂領，右臂隨，左臂由下往左向右環，小臂裏屈至腹部上方，掌心翻向下，右臂環至腹部前方，右掌心朝上，兩臂左前相合。（圖145、圖146）

動作2：坐實左腿，提起右腿向右後135°處（西南方向）伸出，腳跟先著地。（圖147）

動作3：四肢隨腰，由左向右轉體，移動重心，逐漸弓腿成右弓步，同時帶動左腳向裏扣。兩臂上下分開，左臂扣掌呈抓狀置左胯前，掌心側向下。右臂由下而上展開，掌心側向上，面向西南，眼觀右掌前方。（圖148）

圖145

圖146

圖147

圖148

　　口訣：兩臂環下弧，翻手兩臂合，右腿向右後邁，轉身弓步兩臂開，右掌在右上方，左掌在左胯前。

要點：

1. 該式轉體幅度較大，同時兩臂也是大開大展，不易掌握重心，因此必須注意。左腿在整個轉體過程中，不得失重，否則就會造成身法散亂。

2. 右腿向右後轉體出腿時，應注意鬆胯、圓襠，不要弓腰掄腿。

3. 左腳裏扣，必須隨同轉體與兩臂上下展的動作相互協調，否則不易轉動。

4. 右臂展開，右掌也同時向右斜方向放展，掌不宜彎曲以及向下塌軟。

第三十式　提手上勢

動作1：重心向前移，左腳微離地面，回靠一腳許，腳跟先著地，腳尖指向左側45°處（即東南方向）。重心逐漸左移，使左腿坐實，同時將右腿收回向正前邁出，前腳掌虛懸，腳跟著地。兩臂同時用肘向外撐開。（圖149、圖150）

動作2：兩臂隨腰由開而向裏合，兩掌上下側相對，右臂在前右臂高，左臂在後左臂低，左掌置右臂左下方，右臂屈肘坐掌，手指

圖149

圖150

圖151

圖152

圖153

尖與眉齊，面向正南，兩眼正前平視。（圖151～圖153）

口訣：重心前移，擺左腳（45°），兩臂左右開，右臂

在前高，左臂在後底。重心後移，提腿邁步，腰帶兩臂合。

要點：

1. 該式由側面轉向正面。重心移動，腳向外撇，是為了式子走正的需要。

2. 兩臂用肘向外展開，主要是為了兩臂相合的需要，開而後合。

3. 雖說是兩臂之合，但更主要的是以腰帶臂，使全身之俱合，不應只是兩手合或兩臂局部的合。

第三十一式　白鶴晾翅

動作1：兩掌同時翻動，右臂內旋，變掌心向下；左臂外旋，變掌心向上，左手仍在右小臂下方成攔狀。（圖154）

動作2：左腿逐漸坐實，兩臂隨腰轉體，由右而左，向下環弧，左臂領，右臂隨，左臂由下往左向上裹屈，微坐至胸腹處，掌心向下。右臂外旋掌心側向上，至腹部處，兩臂上下相合。（圖155）

動作3：扣右腳，指向東南，重心右移，左腳跟離開地面，成虛步，左手置右小臂內側，含有擠意。（圖156）

動作4：坐實右腿，轉正身，順勢提起左腿向正前邁出，用腳掌著地成左虛步。右臂由裏向外、由下往上、經胸前與面部屈至頭部前上方，掌心向外，指向左側，臂成弧形。左手經腹部前方，由上向下按至左胯旁，掌心向下，手指朝前，肘尖向後。面向正東，兩眼正前平視。（圖157）

圖154

圖155

圖156

圖157

　　口訣：翻兩掌，側相對，兩臂環下弧。左臂領在上，右臂隨在下，胸前合起來。扣右腳，移重心，左腳正前

虛。翻兩臂，上下開，右手額上舉，掌心向前方，左手左胯旁，掌心朝下方。面向正東方，兩眼前平視。

要點：

1. 該式是虛實步，右腿坐實，左腿伸出之虛步，不要用腳尖點地，應以前腳掌著地。這與《提手上勢》之腳跟著地又有所區別。也不能作為支撐重心，按定勢要求，兩腿之負重以三七開為宜（實腿占七成，虛腿占三成）。要做到實中有虛，虛中有實，既避免兩腿雙重之弊，又保持一定的靈活性。

2. 注意鬆腰、鬆胯，不要挺胸和臀部突出。

3. 右臂之起，有上掤護面之意，應將右臂掤圓。而左臂也有下沉護腹之意。兩臂形成了上下對拉的形勢，使身肢有拔長之感。

第三十二式　右摟膝拗步

動作 1：重心略向右移，身向右側少有轉動，右臂外旋向前，掌心朝上，左臂向上往裏屈至左胯前，掌心側向下。（圖 158）

動作 2：坐實右腿，左腿成虛步，右臂隨同向右繼續轉體的同時，由上向下環正立弧，至右胯旁再向後 45°處，即屈臂向上挑起坐掌，掌心側向外。左臂同時向上環，屈至右胸前，掌向裏扣，掌心側向下。（圖 159）

動作 3：左腿提起，向前伸出，稍向左跨，腳跟著地。重心逐漸向前移動，左腿屈膝弓出成弓步。兩臂隨同向左轉體，左臂由上向下往前，經膝前收至左膝旁，掌心

圖158

圖159

圖160

圖161

向下，五指朝前。右臂朝正前推出，伸展右臂，掌心朝前。面向正東，兩眼正前平視。（圖160、圖161）

口訣：翻右掌，坐左掌，腰帶兩臂環，上方臂向下，下方臂往上，屈臂坐掌。邁左腿，身向左轉，弓出左腿。左手膝前過，收至左膝旁，右臂向前推出，兩眼平視前方。

要點：

1. 此式與第十式之左摟膝拗步基本相同，只是在接續的地方，稍有不同。前式是由單腿站立，然後坐腿邁步，此式只需少許移動重心，就可以邁步了。兩臂的環弧基本上差不多，可參照。

2. 當左腿微離地面，為什麼要稍向左跨呢？因為摟膝拗步的定式步法成弓步，兩腳之間需要有一定幅度，如果不向左跨步，仍在虛實步的基礎上，一條中心線兩腳左右分，左腳在中心線的左側，右腳在中心線的右側，下腳就會不穩。因之，凡遇此種步法之轉變，均需將腳向外跨。如果是弓步轉虛實步就應該向裏收。

3. 臂之伸出，主要是擊打的意思，應隨同腰腿之帶動，將臂送出。說是送出，實際上應該是把全身的勁發放出來，這樣就必須全身放鬆，強調整體協調，不然就會局限於手的動作。

4. 當右臂向前伸出時，上身極易偏向一側，身正不偏，這也是需要注意的。

第三十三式　海底針

動作1：重心向前移，右腳離地，向前墊步約一拳許，右手腕向下屈。（圖162）

動作2：右腳落地，即將重心移在右腿上坐實，左腳

圖162

圖163

成虛步，腳掌微離地面。兩
臂隨腰由左向右轉體，右臂
由正前，往上向後提至胸的
右側，掌心向左，左臂相應
地向上提，置於左腿上方。
（圖163）

　　動作3：右腿坐實，左
腳略向裏收，前腳掌著地，
成虛步。右臂隨同轉體由右
向前，折腰下沉，手腕向裏
扣，掌心向左，指尖朝下，
左掌相應地置左胯旁，掌心

圖164

向下，手指朝前。面向正東。眼看右掌前方。（圖164）

口訣：重心前移，右腿向前墊半步，右手向下扣。重心後移，右臂向上往後提，坐好右腿，擺正左腳，右臂隨同折腰往下沉，左手攔在左胯旁。

要點：

1. 右臂之一提一沉，只見臂動，腰不動，這是不正確的。注意要用腰部來帶動，使其上下協調。

2. 所謂折腰下沉，是在鬆腰胯的基礎上折腰，也就是上身略向下傾的意思，這與臀部突出的彎腰是有根本區別的。

3. 右臂之提與沉，注意肘勿懸起。左臂動作主要是相應的起落，雖然沒什麼具體動作，但也不應不動，呈呆板相。

134

第三十四式　扇通臂

動作1：上身拱起，向右略轉身，右臂逐漸由下向上，同時由裏向外翻，抬至頭部右側，掌心朝外。左臂裏屈，左掌搭在右腕處，掌心朝外。（圖165）

動作2：提起左腳，向正前邁出，逐漸成左弓步，同時兩臂一前一後拉開，右臂屈肘上提，至右額角上方，左臂向正前伸出，掌心側向前。面向正東，身偏東南。兩眼通過虎口正視前方。（圖166）

口訣：拱上身，翻右臂，左手搭住右小臂。坐右腿，邁左腿，屈膝成弓步。左臂正前按，右手額角攔。

要點：

1. 左腳提起向前邁步，落腳點略向左，以免弓步兩腳

圖165　　　　　　　　圖166

走成一條線，下盤不穩。

2. 當拱起上身邁步時，右腿應坐實，不能使整個身子躬起來。右臂屈弧，右掌置右額角上方，不要擋住自己的臉。但右臂雖在上方，也應沉肩墜肘，否則，聳肩抬肘，就會使右臂出現斷勁，與其他部位脫節。

3. 該式之弓步，由於用法等要求不同，而兩臂向前後張，因之，上身要求不宜略向前傾，應該是正的，而軀幹也應該偏向右傾，以便兩臂前後均能張開。

第三十五式　轉身白蛇吐信

動作1：重心向後移，腰帶由左向後轉身，左腳隨同轉體裏扣135°。在轉體、扣腳過程中，逐漸將重心移在左腿上坐實，同時右腳變成虛步，腳掌著地，腳跟離地。左

圖167　　　　　　　　圖168

臂裏屈，左手置左額角上方，掌心向外，右臂由上向下，呈弧形沉至腹部前方，右手握拳。（圖167、圖168）

　　動作2：四肢隨腰繼續由左向右轉體（整體轉體180°，由正東變為正西），同時提起右腿，向正前方邁出，腳跟著地，腳掌虛懸。同時左臂沉落，坐掌至左肋旁，掌心側向前，右臂由腹部前方向上向前翻動，使拳逐漸展開，變拳為掌，掌背向前往下撇出，掌心側向上（圖169、圖170）。

　　動作3：重心向右移，弓右腿，成右弓步。同時右臂由前向下，呈弧形收至右胯旁，掌心朝上，左臂向前伸出，掌心向前，面向正西，目視正前。（圖171）

　　口訣：重心後移，腰帶左腳扣，左臂屈至額頭前上方，右臂心向下按至腹部前。右轉體，坐左腿，右手握拳

圖169

圖170

圖171

向下行，往上由裏向外撇。左臂下，右腿邁，弓右腿，挎
右拳，肋前左掌向前按。

要點：

1. 該式之連續動作較多，也比較複雜，做時應注意協調、連貫，不得將其中之過渡動作視同定式。

2. 轉體過程中之左腳裏扣，應隨同轉體扣135°（為右腿邁步創造條件），這樣比較適宜，不然，就會牽扯上身，不利於右腿的邁出。

3. 白蛇吐信與撇身捶兩者只是一拳與一掌的區別，一是用拳打擊對方面門，一是以掌擊打，其動作與用法基本相同，可參照摹練。

第三十六式　進步栽捶

動作1：重心略向後，腰帶右腳向右撇出45°。（圖172）

動作2：重心向右腿移動坐實，同時將左腿提起，向正前方邁步，用腳跟先著地，腳掌虛懸。左臂向裏屈，左掌向裏扣，成弧形屈至腹部前方，掌心向下。右手握拳，拳心朝上，挎至右胯旁。（圖173、圖174）

動作3：四肢隨腰左轉，左臂由裏向前經膝前收至左膝旁，掌心向下，肘尖向後，五指朝前。右臂內旋，變右拳眼向上，以拳面向下擊打，虎口側向前。同時左腿向前弓出，成左弓步。身略向前傾，兩眼向下看。（圖175）

口訣：重心略向後，腰帶右腳開。重心右腿移，左腿向前邁。左臂屈腹部，掌心側向下。腰帶左轉體，弓步左手摟，右拳向下擊，兩眼下方看。

圖172

圖173

圖174

圖175

要點：

1. 栽捶，是右手握拳折腰向下用拳擊打。因之拳之伸

出以及上身略向前傾，還有眼的觀望，均有適應向下的意思。但應注意鬆腰鬆胯，以免出現駝背突臀，低頭下看。

2. 該式動作與二十式進步指襠捶的動作和要點基本上也是一樣的，只是高與低的區別。指襠捶是指對方下身，而栽捶是向下，要低於指襠捶，其餘是相同的，請參照摹練。

第三十七式　野馬分鬃

動作1：重心略向後，用腰帶動，將左腳向外撇出45°。左臂提起，右臂裏扣略提高。（圖176）

動作2：重心向前移動，身略向左轉，坐左腿，提右腿向右側大約45°邁出，腳跟著地。左臂向胸前屈，右臂向左臂下方合。（圖177、圖178）

動作3：重心向右腿移，右腿弓出成右弓步。兩臂左右分開，右臂大開大展，由下向右偏上列出，左臂下按，做攦狀置左胯旁，兩眼看右手前方，面向西北。（圖179）

口訣：重心略向後，腰帶左腳開，兩臂略提起。重心向左移，兩臂左前合。右腿邁右前，弓腿兩臂開。

要點：

1. 此式定式與斜飛式相同，但在式與式銜接處，以及用法上略有不同。斜飛式是由正前方（正東），向右後（西南）以135°的大跨度大開大展，用小臂捌勁橫擊對方脛部，而野馬分鬃從其動作的方向角度來看，基本是在正西，它的技法是以掤為主，雖然右臂也類似斜飛式之大

圖176

圖177

圖178

圖179

展，但跨度較小，無需轉體，只要用腰略向右往前帶出即可，直接攻其腋下。

圖180　　　　　　　　　　圖181

2.該式要求臂與手都伸展，手不宜裏扣，裏扣則不得力，要以腰帶動，成扇面形由下向上往前展出。

第三十八式　玉女穿梭

玉女穿梭（一）

動作1：重心略向後，腰帶右腳向左扣正踏平，重心向右腿移動，逐漸坐實，同時兩臂胸前合好，右臂掌心向上在上面，左臂外旋屈臂置右臂下方，掌心向上。左腳離地，提腿向左前方邁出（西南角），腳跟著地。左臂略向外翻動，掌心側向外，右肘向下屈，坐右掌。（圖180～圖182）

動作2：重心向左腿移動逐漸成弓步。左臂逐漸向外

圖182　　　　　　　　　圖183

翻動，成弧形，掌心朝外，掤至左額角前上方，右臂向前伸出，掌心向前，面向西南。（圖183）

　　口訣：重心略後移，腰帶右腳扣，重心右腿移，兩臂胸前合，掌心均向上。左腿左前伸，兩臂前後開。腰左轉，左腿弓，左臂翻至額上方，右臂坐掌前平伸。

玉女穿梭（二）

　　動作1：重心向後移，坐右腿，左腿呈虛步，腳掌離地，兩臂隨腰後移，同時向下放平，兩掌心向下，右掌在左臂下方，形如攦狀。（圖184）

　　動作2：用腰帶動四肢，由左向右轉體，左腳向裏扣135°，即將重心移向左腿坐實，右腿呈虛步，腳跟離地。右臂隨體轉動，向右後平環，左臂隨之。（圖185）

圖184

圖185

144

　　動作3：坐穩左腿，身向右轉，順勢將右腳提起，向右後（東南角）方向邁出，先使腳跟著地，趾向東南角。左臂同時外旋由左向右裏屈，掌心側向上。右臂隨之也外旋，由外向裏屈至左臂下方，掌心側向內。（圖186、圖187）

　　動作4：由左向右繼續轉體，再次帶動左腳向裏扣，使右腿弓出成右弓步。右手逐漸由下而上、由裏向外翻動，使右臂逐漸屈至額角上方，掌心側向外，左臂坐掌前伸，掌心側向前，面向東南角，兩眼平視前方。（圖188、圖189）

　　口訣：重心向後移，兩臂下落平，腰帶向右轉，兩臂平環弧，左腳向右扣，重心移左腿。右臂環過去，左臂屈回來，邁右腿，成弓步，身右轉，左腳扣，右臂翻至額上方，左臂坐掌前平伸。

圖186

圖187

圖188

圖189

圖190

玉女穿梭（三）

動作1：重心向後移，右腿呈虛步，腳掌離地，兩臂隨之由上向下放平，左掌在右臂下方，兩臂合成擺狀。（圖190）

動作2：右腳向裏扣，趾向正東，身向左轉，重心逐漸移至右腿坐實，變左腿為虛，腳跟離地。右臂外旋，掌心側向上。左臂也同時外旋，掌心側向上，置右臂下方，（圖191、圖192）

動作3：提左腳正前邁出，腳跟著地，腳掌虛懸，左臂由下而上，右臂由前向後至胸前，同時拉開。（圖193）

動作4：四肢隨腰向左轉體，左腿弓出成左弓步，同時左臂內旋，掌心朝外，成弧形挪圓，屈至左額角上方。

圖191

圖192

圖193

圖194

右掌坐起，伸臂向前推出，掌心側向前。面向東北，兩眼平視。（圖194）

口訣：重心向後移，兩臂成攦狀，右腳向左扣，重心右腿移。提腿向前邁，兩臂上下開，腰向左旋轉，左腿成弓步，右掌向前按，左臂額上掤。

玉女穿梭（四）

動作1：重心後移坐右腿，左腿成虛步，腳掌離地。兩臂隨同重心的移動，

圖195

順勢而下，將兩臂放平，兩掌心向下。右臂在左臂下方，形如攦狀。（圖195）

動作2：以腰帶動四肢，由左向右轉體，左腳隨同裏扣135°，即將重心移向左腿坐實，右腿呈虛步，腳跟離地，右臂隨同轉體，向右後平環，左臂隨之。（圖196、圖197）

動作3：坐穩左腿，身向右轉，提右腿向右後（西北方向）邁出，趾向西北角。左臂同時外旋，由左向右朝裏屈，掌心側向上。右臂也隨之外旋，由外向裏朝裏屈，掌心側向外。（圖198）

動作4：由左向右繼續轉體，並將重心移向右腿，弓右腿成右弓步，左腳也隨之再次扣腳，趾向正西，兩臂隨同轉體將右臂掤圓，成弧形，由下往上逐漸翻轉，屈至右額前上方，掌心側向前，面向西北角，兩眼正前平視。

圖196

圖197

圖198

圖199

（圖199）

　口訣：與玉女穿梭相同。

要點：

1. 玉女穿梭中包括四個式子，分四個斜角，第一個西南角，第二個東南角，第三個東北角，第四個西北角。

2. 由於轉體幅度比較大，提腿邁步均非一次完成，穿梭一和穿梭三之提腿上步中間均有過渡式，而穿梭二和穿梭四，幅度更大，當提腿邁步以後，在轉身擊出時，要進行兩次扣腳才能完成（第一次轉體 180°，扣腳 135°；第二次轉體 90°，扣腳 90°，共轉體 270°，共扣腳 225°）。

3. 凡是大幅度的轉身，更顯其腰部帶動四肢的協調用途，不然，上下不能相隨，動作不能連貫，身體失去重心，上下動作必散亂。

4. 凡下方臂由下往上，由裏朝外翻動屈至額角上方的動作，其意思都是用臂將對方臂掤起。前伸之掌是向對方胸部擊出。

5. 所謂「四隅」就是指四斜角說的。

6. 在做第二個和第四個玉女穿梭時，轉體動作一定要做夠數，不然，右腿的邁出就會困難。

7. 雖然定式動作均為斜方向，但立身必須中正不偏。尤應注意，右臂伸出以後，身易向左偏；而左臂伸出以後，身易向右偏。

第三十九式　攬雀尾

左　掤

動作 1：重心後移，兩臂由上而下，屈肘置平。右掌

圖200　　　　　　　　　　　圖201

心側向下，左臂裏屈，置右臂下方，掌心側向上，兩臂合成掤狀。（圖200）

　　動作2：向左轉體，右腳裏扣90°，趾向西南，重心右移，坐實右腿，左腳成虛步，腳掌著地。兩臂隨腰向左平掤回，右臂伸向正前，掌心側向前，左臂裏屈，掌心側向裏置右臂下方，兩臂胸前相合（圖201）。

　　動作3：坐實右腿，左腿提起向正前邁出，腳跟先著地，右腿向前蹬出，使左腿成弓步。同時向右轉體，左臂由下向上掤起，其臂略與肩平，掌心側向內，手掌略高於肘部。右臂由上向下置於右胯前，掌心向下。面向正西，兩眼正前平視。（圖202、圖203）

　　口訣：重心左移，兩臂落下（置平成掤狀），右腳裏扣，重心右移，兩臂右側合。坐好腿（右腿），邁出去腿

圖202　　　　　　　圖203

（左腿），弓腿左臂掤，右手置右胯前。

關於右掤、攦、擠、按等式的口訣，請參照前面第二式攬雀尾的口訣。

要點：

這一式攬雀尾的動作要點，與第二式之攬雀尾基本相同，只是在做左掤時，接轉處略有不同，請練者注意。

右　掤

動作：參照第二式攬雀尾之右掤式。（圖204～圖209）

圖204

圖205

圖206

圖207

圖 208

圖 209

圖 210

圖 211

　　擟：動作參照第二式攬雀尾之擟式。（圖 210、圖 211）

圖212

圖213

　　擠：動作參照第二式攬雀尾之擠式。（圖212、圖213）

　　按：動作參照第二式攬雀尾之按式。（圖214～圖216）

圖214

圖215

圖216

第四十式　單　鞭

　　此式與第三式單鞭動作
完全相同，就不再行重複，
請參照第三式單鞭動作習
練。其口訣、要領也請參照
第三式。

　　動作：請參照第三式單
鞭動作習練。（圖217～圖
223）

圖217

圖218

圖219

圖220

圖221

圖222　　　　　　圖223

158

第四十一式　下　勢

動作：右腳向右撇出90°，身向右轉。右腿順著腳尖的方向，屈膝下蹲，逐漸將重心移向右腿，左腿成大撲步。同時左掌隨同重心逐漸後移，由前向後，經胸前腹部向前方伸出，掌心側向右，指尖朝前，面向東南，兩眼平視。（圖224）

口訣：腰帶右腳開，屈膝向下蹲，左腿成撲步，左掌收至胸前向前伸。

要點：

1. 該式為低姿勢，須向下坐腿。因此，請注意上體勿向前傾，不要低頭，臀部勿突出，也就是上體的中正。

圖224　　　　　　　　　圖225

2. 右腿之右腳，一定要向右後撇出90°，不然，右腿下蹲就會感到困難。

3. 左臂由前隨同重心後移，呈弧形經胸前收到腹前至左腿內側，弧形不宜過大。

4. 如果下蹲有困難，姿勢可以高一些，但應注意，有些人在做此動作時，自覺不自覺就出現了低頭、彎腰、駝背、臀部突出，這些都是需要防止的。

第四十二式　上步七星

動作1：四肢隨腰，重心逐漸前移，身向左轉，逐漸向上起，將右腳扣回90°，左臂前伸。（圖225）

動作2：腰帶左腳向左撇出45°，重心逐漸移向左腿，右臂沉肘吊手變握拳，左臂掌心側向下變採狀。（圖226）

圖226

圖227

動作3：重心繼續前移，坐實左腿，右腿提起向正前方邁出，前腳掌著地，成右虛步。同時右臂屈肘，由下向上往前，將右拳擊出，同時左手也握拳屈置胸前，一併向前擊出。兩拳交叉相搭，兩拳眼向裏，高與肩平，面向正東，兩眼平視前方。（圖227、圖228）

口訣：重心前移，逐漸向上，扣回右腳，打開左腳。右手提捶，左臂屈回，右腿上步，雙捶擊出。

要點：

1.動作1與動作2，都是由轉換步法而調整腳型的，同時右拳已經握好，其勢是為衝擊前做準備（重心向前移動，身向上起時，應先扣回右腳，再開左腳以後才能向上起，不然，方向不正，動作也會不得力，因之，當瞭解下式方向以後，一定要為下一式做好八字步的準備）。

2. 上步七星，尤其右拳，隨同腰腿向前擊出的動作，必須將這一拳的擊打意思做出來，不然，只是把拳擺上去，會使該式大為遜色。

3. 注意起腿上步之際，虛實要分清。實腿坐實平穩，虛腿上步才能靈活自如。

4. 上步七星錘，餵雙拳擊打。注意臂的外撐和拳的裏扣，臂要圓，尤其右手握拳要呈現出提錘擊打的意思，兩腋下也要空出。

圖228

161

第四十三式　退步跨虎

動作1：右腿提起，向後退半步，重心後移，身略向右轉，變左腿為虛，前腳掌著地。同時，右臂外旋，拳心朝上，隨體屈肘，由前向後，撤至右胯旁，拳向上扣，拳眼向右。左拳仍置身前，掤意內含。（圖229）

動作2：坐實右腿，身向左轉，將左腳擺正，成左虛步。兩臂隨同轉體，右臂由下向右往上，逐漸鬆拳變掌，成弧形屈至右額角前上方，掌心朝外，指向左側。左臂由前向左往後逐漸鬆拳變掌，置於左胯旁，掌心向下，手指朝前，肘尖向後。面向正東，兩眼向前平視。（圖230）

口訣：撤右腿，重心移，挎右拳，擺左腳，兩臂開，

圖 229　　　　　　　　　圖 230

162

上下分。

要點：

1. 為了使姿勢準確規範，一定不要偏離中心線。注意向後退步之落腳點與進步之落腳點，都不能踩在一條線上。

2. 向後退步，應以腰帶動肢體向後移動，做到心中有數，雖退猶進。注意整體協調，臀部勿突出。

3. 兩臂上下分開所環的弧形，不宜過大。其定勢與白鶴晾翅式相似。

第四十四式　轉身擺蓮

動作 1：兩臂環弧，左臂由下向左、往上向前推出，屈置於胸前，掌心側向下，指尖偏右前。右臂由上向右、

圖231

圖232

向下朝前推出，屈置左臂下方，掌心向下，指尖朝左，兩掌裏扣。（圖231）

　　動作2：四肢隨腰，以左右腳掌為軸，由左而右轉體180°。同時，右臂由裏向外環大弧，左臂逐漸由前向裏屈至胸腹之間。（圖232）

　　動作3：重心在右腿，立身中正，左腳為虛步離地，仍以腰帶動，提起左腿向右轉體跨步225°（東南角），右腿成虛步。兩臂置胸前，右臂在前，左臂在後，左手在右肘內側，兩掌心向下。（圖233）

　　動作4：重心移在左腿，站立起來，提起右腿，右腳尖自然向下，腳面略繃。兩臂掌心均朝下，右臂在前，左臂在後。（圖234）

　　動作5：以腰帶動右腳，由下向左向右上方，呈弧形

圖233　　　　　　　　圖234

164

以腳背向外擺動。同時兩臂由右向左，迎著右腳拍打腳面，左掌在前，右掌在後，兩臂置於左側，兩掌心均向下，呈擺式。站穩左腿，右腿屈膝，腳尖朝下，面向東南，兩眼正前平視。（圖235、圖236）

　　口訣：兩臂上下環，均向前推出，轉身三百六，左腿隨跨步。重心向後移，身體站起來，腳手相互迎，兩掌拍右腳，兩臂置左側，面向右側看。

　　要點：

　　1.轉身擺蓮由左向右，轉身跨步轉體共405°，也就是由正東旋轉一周以後落腳東南。其幅度之大，已超過了左蹬腳變右蹬腳的幅度360°。因此，必須掌握好重心和轉身跨步的次序，使其旋轉顯得輕靈圓活。

　　除了以右腳掌為軸，尤其須注意以腰為主宰帶動上下

圖235　　　　　　　　　圖236

肢旋轉，不然就會出現下盤不穩，上體搖晃。當然，硬挺也是不對的。這就要求全身放鬆，協調動作，圓滿地完成大幅度旋轉動作。

現將轉體跨步動作分解為三步來說明：

第一次轉體135°。右腳不動，左腳以前腳掌為軸，腰腳手向右一起轉135°。

第二次轉體90°。右腳跟微離地面，以腳掌為軸，向右隨轉體轉90°。

第三次轉體180°。仍以右腳掌為軸，左腳離地，隨同轉體跨步，面向右前方。

這樣正好是405°，只要按照以上次序，連貫起來進行，就不會出現下盤不穩、身體搖晃現象，自然會輕靈圓活地完成轉體跨步動作。

2. 轉身跨步轉體的整個過程，其重心都在右腿，當轉身之際，不要將重心向左腿移動，跨步轉向時重心仍在右腿，惟注意腳跟微離地面，用腳掌轉動。

3. 擺腳與兩掌拍打腳面，應因人而異，也不可為打腳面而打腳面，使肢體散亂，甚至出現怪狀。因之，能夠打得著當然好，如果打不著，也只能是手能夠到哪裏算哪裏，總之自然、適度就可以了。

4. 擺蓮腳的踢法，是以橫擺為主要內容，用橫擺踢腳，其高度也應因人而宜，但應體現出橫擺的意思，勿直踢。

第四十五式　彎弓射虎

動作1：坐左腿，落右腿，右腳跟著地，腳掌虛懸。（圖237）

動作2：四肢隨腰由左向右轉體，重心逐漸向右腿移動。兩臂隨腰環下弧，經膝前向上環至右側，兩掌心側向裏。（圖238）

動作3：兩手逐漸握拳，兩臂上屈，右腿弓出成右弓步，兩臂隨同弓步由右向左前以拳擊出，右臂上屈，右拳置於右額前，虎口向下，拳面朝前。左拳置於左胸前，虎口側向上，拳心側向外，面向東北，兩眼正前平視。（圖239、圖240）

口訣：坐左腿，落右腿，兩臂隨腰，手心向裏，由左向右經膝前到右後側。兩手握拳，由右向左，雙捶擊出，面向左前側。

圖237

圖238

圖239

圖240

要點：

1. 當右腳著地時，由左向右逐漸轉體，右腿也逐漸向

前弓出。同時必須與兩臂由左向右，又由右向左轉體擊拳相互協調。此勢之臂部活動，一順一轉，活動較大，而兩腿之一蹬一撐、腿之弓出動作較小，在動作上大小懸殊，因此，下肢的速度應掌握適當，不然，就會出現腿與臂的脫節。

2. 此式兩臂出擊的方向，與弓腿方向不是同一方向。因之，在由右向左轉體伸出兩臂的時候，注意弓出右腿的方向是東南方向，而上身和兩臂均朝東北方向。

3. 注意身偏左略向前。

第四十六式　進步搬攔捶

動作1：以腰帶腳，左腳向左撇出，趾向東北，右腳相應地裏扣，重心逐漸移至左腿，左臂向裏屈置腹前，鬆拳變掌，掌心側向裏。右手仍握拳，屈肘俯腕坐拳置左手上方，拳心側向下，兩臂在左側做成搬狀（其式似攊，但右手是拳不是掌）。（圖241、242）

動作2：重心向後移，坐實左腿，提起右腿出步，使右腳尖向右撇出45度，步幅不宜過大。兩臂隨腰，均環下弧，左臂領，右臂隨，由前向下環至左後西北角，左上臂上屈，逐漸坐掌，右拳翻腕坐拳裏扣，拳背向前。（圖243）

動作3：重心逐漸右移，使左腳逐漸離地。兩臂隨腰走上弧，右拳隨著重心的移動，由左搬至右側，拳仍以拳背向前，拳向裏扣，拳眼朝右側，左臂仍在左側屈臂坐掌待伸。（圖244）

動作4：提左腿正前邁出，腳跟著地，腳掌虛懸，左臂坐掌向前推出，右拳成弧形向下往後收至右胯旁，拳向

圖241

圖242

圖243

圖244

裏扣，拳心向上，拳眼朝右，兩眼正前平視。（圖245）

　　動作5：重心逐漸移向左腿，左腿弓出，成左弓步。

| 圖245 | 圖246 |

隨同轉體右臂漸漸向裏翻，變拳面朝前，拳眼朝上，向前伸出。左手同時曲臂由前收至右小臂內側，手指尖朝上，掌心向右，兩臂與肩同寬。面向正東，兩眼正前平視。（圖246）

口訣：重心略向後，腰帶左腳開，重心向前移，兩臂環下弧。提腿邁右腳，中間不停留，兩臂環左後，右手漸握拳。身向右轉體，重心移右腿，右拳翻腕搬，左掌緊相隨。提腿邁左腳，左掌推向前，右拳挎胯旁，弓左腿，屈左臂，右拳擊正前。

要點：

1. 搬攔捶：是以右手握拳為搬，左手坐掌為攔。搬又分俯腕搬與翻腕搬兩種，向左往下為俯腕搬，由下向上往外用拳背向前擊打者，為翻腕搬。當對方空出前胸，以拳

擊之為捶，故稱之謂搬攔捶。

2. 搬攔捶之步法是連續步，因之該式之完成，中間還要再次上步。需要注意的是，當右腿提起向前邁步落腳時，必須將右腳向右外撇出，目的是為左腳之上步創造條件。而右腿的邁步不宜過大，只要能夠伸出，置左腳之右側即可，也不需向右橫跨大步。

3. 此式動作較多，需要相互之間的配合。比如，當右腳落地以後，隨即將重心移至右腿，變左腳離地成虛步，緊接著提左腿上步，同時完成左掌之推出，右手之挎拳，以及最後弓腿、出拳、收掌等動作。以上各動作都得協調好，動作失調，拳勢也就必定散亂。

4. **拳的握法**：要求食指、中指、無名指和小指都是裏曲握實，拇指置食指外側，拳面要平。太極拳對上肢的要求是「沉肩、墜肘、坐腕、舒指」。其中所謂「坐腕」，不僅說的是掌，它還包括吊手和拳。

注意俯腕握拳與翻握拳的區別，尤其拳之正扣與反扣要做清楚。如果是正面拳，側拳面向前，拳眼向上。拳心向下為俯腕拳。拳背朝外為翻腕拳。又如，裏扣拳，拳心向裏；反扣拳，拳心向外。這些拳形，均屬左腕範疇，雖各自表現形式不同，但有一點是都得坐腕，不坐腕，則不得力。關於拳的握法，還應注意，握拳時如果用力過大，把勁局限在拳頭上，就是自己跟自己過不去，白費勁。

所謂空心拳，實際上不能稱之謂拳，因它不能起到拳的作用。至於掌的表現形式，與拳類似，但都必須坐腕。練拳，具體表現在手上，也必須坐腕，如果不坐腕，其手必下

圖247　　　　　　　　圖248

垂，垂者，如人之垂頭喪氣，無精打採，全然不得力。因之，對坐腕之作用不應忽視。

第四十七式　如封似閉

此式與第二十一式如封似閉完全相同。雖在連接之處不同，一為指一襠捶，一為搬攔捶，但兩者只是捶之高低稍有分別，其動作之接續是相同的。搬攔捶是平捶，指對方的胸部，指襠捶略低，指對方下身。其口訣和要點可參照第二十一式如封似閉進行。（圖247～圖249）

第四十八式　十字手

第二十二式十字手與此十字手完全相同，請參照習練。（圖250～圖252）

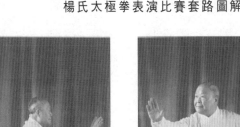

圖249　　　　　　　　圖250

圖251　　　　　　　　圖252

圖253

圖254

第四十九式　收　式

動作：兩腿起立、站直。兩臂向左右兩側分開，與肩同寬，兩臂內旋，掌心向下，由前往下按至兩胯前，掌心向下，指尖朝前，面向正南，兩眼正前平視。（圖253、圖254）

口訣：站立起來，兩臂分開，掌心向下，與肩同寬，按至胯前，五指朝前。

要點：

收式為終結之式，起式開始，收式結尾，但收式往往被人忽略，認為結束了，就可以馬虎，這是不應該的。練太極拳有陶冶人的性格的功能，可使人養成有始有終的良好習慣。另外，此式雖為收勢，如果想繼續再做一遍，也

圖255

可以做為起勢，連續做下去。因此，此式雖為收式，但仍還有動意。

還　原

還原就是恢復到預備式之狀態。（圖255）

口訣：停。

要點：

其要點與預備式之要點一樣，其要領貫穿始終。

結 束 語

套路已經完全介紹完了。至於在練拳過程中，是否還應該注意些什麼？我想還會有許多，以下再補充幾點：

1.動作緩慢柔和，勢勢均勻，是楊氏太極拳很大的一個特點。

它為武術、健身、療病三者的結合創造了條件，適應面極廣，因之，一定要在全身放鬆的基礎上，做到動作緩慢柔和，勢勢均勻，還要做到勢勢有「定勢」（規範勢）。「定勢」是在似停非停中體現。相連不斷，一氣呵成，也得做到。

2.有關「放鬆」已經談了許多，再結合什麼是「柔」、「軟」、「力」、「勁」分別談談，以便識別，有助於練拳。

在武術中，常以「剛」比喻為「勁」。那麼，「拙力」就可比喻為「鐵」，因為「剛」的來源是鐵，而「勁」的來源自然也就是「拙力」了。拙力是自然力，也是人體本能的產物。

說來也是巧合，現今勁的寫法，正是力的加工，這個字的設計者是不是有這個意思，我不清楚，不過，借用這個字，很能說明兩者之間的關係，我就不多說了。

　　加工，是生產過程，生鐵需要採取高溫熔解的方法，而拙力是採取放鬆的方法，摧去拙力中之僵硬，二者都是方法。

　　經過加工，使二者在形態上會出現一種與其本身似相矛盾的形狀，如鐵水與飲用水相似，但又與飲用水有本質的不同，因為鐵水和摧去僵硬的拙力，均帶有韌性，而飲用水是軟的，它不具備有韌性的條件，因此，稱摧去了僵硬的「拙力」為「柔」不為軟，因為柔是帶有韌性的，也就是其中含有勁的因素。

　　這樣正中楊公澄甫先師所說「太極拳乃柔中寓剛，綿裏藏針之藝術也」。如果其中沒有勁的因素存在，這就是軟。軟不能稱之為柔的。

　　鐵經過千錘百煉，可以起質的變化，轉為鋼。鋼，內堅，外形光澤度強。而鐵，不只是韌性差，而且外形粗糙。拙力，經過日積月累、年復一年的堅苦訓練，也能起質的變化，轉為勁。勁的表現，柔韌性強，能夠體現出整體的協調。而拙力的表現，動作僵硬，反映在局部而不是全身。二者也有極大的區別。

　　放鬆與訓練，都應該是有意識的，正如前輩所言，「有意放鬆，無意成剛」，只要真正做到了放鬆，它就可以溝通人體與基本要領的結合，自會產生物質條件，勁也就會應運而生，如果為勁而勁，反而為勁所限。所謂「用意而不用力」，主要是指不用拙力，是要用勁的。

　　3.有關氣沉丹田。氣宜直養而無害。

　　在練拳時，以自然呼吸來保持腹部之平穩，做到心平

氣和，不要有意識的使腹部一起一伏。至於氣與動作的配合，也應該是自然配合。初學者由於精神緊張，可能出現提氣的現象，這樣會形成上重下輕、立身不穩，還會感到憋氣，非常不舒服，這是需要注意的。另外還可能出現呼吸短促的現象。只要不感到憋氣，經過一段時間鍛鍊以後，能夠適應了，呼吸就會由短促變為深長，並且有力，還會有節奏。

以上所談的氣與動作之自然配合，就是按照推呼收吸沉呼提吸的原則進行的，能夠配合到什麼程度算什麼程度，不要勉強，以免顧此失彼，影響整體動作。至於氣，是看不見摸不著的，但從人們生活實際感受上是覺著有氣的存在。

178

所謂「先天之氣」，是指固有的氣，應沉在丹田，指臍下三指處，而後天之氣，是指呼吸說的，因為氣功是門科學，這裏不做學術研究，所以，只要在練拳中不違背生活規律，能夠順乎自然，就可以了。

4. 關於練拳時是否用力的問題。

楊公澄甫先父曾講過：「太極拳乃柔中寓剛，綿裏藏針之藝術也。」這裏所說的剛和針都是指勁講的，特別是「運勁如抽絲」這句話，充分說明了練習太極拳是要用勁的。有關「力」與「勁」在本書中已經介紹過。另外在練法上所講的「由鬆入柔、積柔成剛，剛柔相濟」中的剛，也是指勁講的。但千萬不能用僵力，也就是拙力。

有關「柔」與「軟」也請參看本書的例子去默識揣摩，以免走向另一極端。

附　錄　一

太極拳論

　　一舉動周身俱要輕靈。尤須貫串。氣宜鼓蕩。神以內斂。無使有缺陷處。無使有凸凹處。無使有斷續處。其根在腳。發於腿。主宰於腰。形於手指。由腳而腿而腰。總須完整一氣。向前退後。乃能得機得勢。有不得機得勢處。身便散亂。其病必於腰腿求之。上下前後左右皆然。凡此皆是意。不在外面。有上即有下。有前則有後。有左則有右。如意要向上。即寓下意。若將物掀起而加以挫之之力。斯其根自斷。乃壞之速而無疑。虛實宜分清楚。一處有一處虛實。處處總此一虛實。周身節節貫串無令絲毫間斷耳。

　　長拳者。如長江大海。滔滔不絕也。掤攦擠按採挒肘靠。此八卦也。進步退步左顧右盼中定。此五行也。掤攦擠按。即乾坤坎離四正方也。採挒肘靠。即巽震兌艮。四斜角也。進退顧盼定。即金木水火土也。合之則為十三勢也。

　　原註云。此係武當山張山豐祖師遺論。欲天下豪傑延年益壽。不徒作技藝之末也。

明　王宗岳太極拳論

太極者無極而生。陰陽之母也。動之則分。靜之則合。無過不及。隨曲就伸。人剛我柔謂之走。人背我順謂之黏。動急則急應。動緩則緩隨。雖變化萬端。而理為一貫。由著熟而漸悟懂勁。由懂勁而階及神明。然非功力之久。不與豁然貫通焉。虛領頂勁。氣沉丹田。不偏不倚。忽隱忽現。左重則右虛。右重則左杳。仰之則彌高。俯之則彌深。進之則愈長。退之則愈促。一羽不能加。蠅蟲不能落。人不知我。我獨知人。英雄所向無敵。蓋皆由此而及也。斯技旁門甚多。雖勢有區別。概不外乎壯欺弱。慢讓快耳。有力打無力。手慢讓手快。是皆先天自然之能。非關學力而有為也。察四兩撥千斤之句。顯非力勝。難耄耋能禦眾之形。快何能為。立如秤準。活似車輪。偏沉則隨。雙重則滯。每見數年純功。不能運化者。率自為人制。雙重之病未悟耳。欲避此病。須知陰陽相濟。方為懂勁。懂勁後，愈練愈精。默識揣摩。漸至從心所欲。本是捨己從人，多誤捨近求遠。所謂差之毫釐，謬以千里。學者不可不詳辨焉。是為論。

十三勢行功心解

以心行氣。務令沉著。乃能收斂入骨。以氣運身。務令順遂。乃能便利從心。精神能提得起。則無遲重之虞。

所謂頂頭懸也。意氣須換得靈。乃有圓活之趣。所謂變轉
虛實也。發勁須沉著鬆淨。專主一方。立身須中正安舒。
支撐八面。行氣如九曲珠。無往不利（氣遍身軀之謂）。
運勁如百煉鋼。無堅不摧。形如搏兔之鵠。神如捕鼠之
貓。靜如山岳。動如江河。蓄勁如開弓。發勁如放箭。曲
中求直。蓄而後發。力由脊發。步隨身換。收即是放。斷
而復連。往復須有折疊。進退須有轉換。極柔軟。然後極
堅剛。能呼吸。然後能靈活。氣宜直養而無害。勁以曲蓄
而有餘。心為令。氣為旗。腰為纛。先求開展。後求緊
湊。乃可臻於縝密矣。

　　又曰。彼不動。己不動。彼微動。己先動。勁似鬆非
鬆。將展未展。勁斷意不斷。又曰。先在心。後在身。腹
鬆氣沉入骨。神舒體靜。刻刻在心。切記一動無有不動。
一靜無有不靜。牽動往來氣貼背。而斂入脊骨。內固精
神。外示安逸。邁步如貓行。運勁如抽絲。全身意在精
神。不在氣。在氣則滯。有氣者無力。無氣者純剛。氣若
車輪。腰如車軸。

十三勢歌

　　十三勢來莫輕視。命意源頭在腰際。變轉虛實須留
意。氣遍身軀不少滯。靜中觸動動猶靜。因敵變化示神
奇。勢勢存心揆用意。得來不覺費功夫。刻刻留心在腰
間。腹內鬆淨氣騰然。尾閭中正神貫頂。滿身輕利頂頭
懸。仔細留心向推求。屈伸開合聽自由。入門引路須口

授。功夫無息法自修。若言體用何為準。意氣君來骨肉臣。想推用意終何在。益壽延年不老春。歌兮歌兮百四十。字字真切意無遺。若不向此推求去。枉費功夫貽歎息。

打手歌

掤攦擠按需認真。上下相隨人難進。任他巨力來打吾。牽動四兩撥千斤。引進落空合即出。粘連黏隨不丟頂。

附　錄　二

太極拳體用解

（一）原　理

甲、主　旨

「以心行氣——意到氣亦到……」「務令沉著，久則內勁增長，但非格外運氣」

以心行氣，以氣運身，自能從心所欲，毫無阻滯，俟後天之力化盡，先天之內勁自然增長，由習慣而成自然。

「以氣運身——氣動身亦動……」「氣要順遂，則身能便利從心……」

意想力自能支配生理作用，故曰「勢勢存心揆用意，得來全不費功夫」又云「默識揣摩漸至從心所欲」。

「心神宜內斂」

不論在盤架子或推手時，心神必須專一，萬不可心神散亂，否則氣必散漫，益處毫無，蓋因太極拳之要點全在一靜字，故曰「內固精神外示安逸」。

「行氣宜鼓蕩」

此有不許硬壓丹田之意，氣之行走或沉丹田，或貼脊

背，均當徐徐行之。

「氣宜直養而無害」

養先天之氣，養氣則順乎自然，故無有窮盡，非運後天之氣，運氣則流弊甚大，是有窮盡。

「周身宜輕靈」

「輕」一切動作固宜純以心意為主，如舉手雖微微一動，便作一舉，如無意識續示，即不再進，方謂之真輕……

初學練架子宜慢，方能時時皆有意識導動作以俱進，且慢，則呼吸深長。

「靈」如手由低處舉高，處處作無數一舉想，而時時有隨意變化之妙，方謂之真靈……

氣沉丹田方不致有氣脹償張之弊。

「心為令」

如由主帥發令……

心為主帥，身為軀使，使精神能提得起，自然舉動輕靈，如手足開時心意與之俱開，合時心意與之俱合，內外一氣，渾然無間，則其動猶靜也（即能到虛靜境界）。

「氣為旗」

如表示其令之旗，又氣如車輪。腰為一身樞紐，腰動則先天之氣如車輪旋轉，氣遍全身而不稍滯，蓋無處不隨腰運動圓轉。

「腰為纛」

如使大旗中正不偏，又腰如軸。

動作之與呼吸——動作時，當呼者呼，當吸者吸，呼

時先天氣下沉，吸時先天氣上升，故曰，「能呼吸然後能靈活」。

　　眼神注視——意之所至眼神灌之，不然，意東視西有何效用，故曰「仰之則愈高，俯之則愈深」。

乙、姿　勢

總

根於腳，發於腿，主宰於腰，形於手指。

　　由腳而腿而腰而手，宜上下相隨，完整一氣，其貫串一氣，處處所為，運勁如抽絲，邁步如貓行，「進退自然得機得勢，但用意不用力，始終綿綿不斷，週而復始，循環無窮，如長江大河，滔滔不絕，故太極拳亦稱長拳，若有一處不貫串則斷，斷則當舊力已盡，新力未生之際，最易為人所乘，故曰「無使有凹凸處，無使有斷續處」，有一不動則必致散亂，如手動，而腰腿不動，則手愈有力，身愈散亂，蓋虛實變化，皆由腰轉動，故曰「命意源頭在腰際」，初學者宜先求開展，使腰腿皆動，無微不至，然皆是意所謂。

　　「內外相合上下相隨」，又曰「一動無有不動，一靜無有不靜」，如是則由肢體任何部分，皆無偏重之虞。

別

1. 手　法

「分虛實」

　　出手能分陰陽虛實，則收發均可奏效，人既不易制己，而己反易使人落空，故曰「人不知我我獨知人」又曰

「陰陽相濟方謂懂勁」。

「含折疊」

即往復所變之虛實，外看雖似未動，其中已有折疊。

「具圓形」

手隨腰腿旋轉，須式式含有圓形，不離太極原則。

2. 步　法

「分虛實」

虛步，以能隨意起落為度。

如全身皆坐在右腿，則右腿為實，左腿為虛，坐左亦然。如是方能轉換輕靈，毫不費力，否則邁步重滯，自立不穩，又須作川字步，即當兩足前後立時，足尖俱宜在前。

實步，即腿彎曲而不伸直。

「有轉換」

進退必須變換步法，故雖退仍是進。

3. 軀　幹

「含胸」

胸略內含，使氣沉丹田，否則氣擁胸際，上重下輕，腳跟易浮。

「拔背」

使氣貼於背，有蓄機待發之勢。

「坐腕」

使內勁隱沉，不致浮飄。

「伸指」

使內勁發出，舒暢，不致滯留。

4. 中　樞

「虛領頂勁」

頭容正直，神貫於頂謂之。頂勁須有虛領自然之意，不可用力，一名「頂頭懸」，謂頭頂如懸空中，同時宜閉口，舌抵上齶，忌咬牙怒目。

「尾閭中正」

尾閭宜中正，否則脊柱先受影響，精神亦難於上達。

5. 立　身

「中正」

由於中樞姿勢之正確……

「安舒」

由於周身鬆淨（詳後）…… ──→ 穩如泰山

「圓滿」

由於精神飽滿，內勁充足……

丙、鬆　淨

1. 兩臂鬆

「沉肩」

使兩肩鬆開下垂以為沉氣之助，否則兩肩端起，氣亦隨上，全身皆不得力……

「垂肘」

使兩肘有往下鬆垂之意，否則肩不能沉，近於外家拳之斷勁，手指亦宜舒展，握拳須鬆庶符全身悉任自然之旨，又手掌表示前推時，手心微有突意，為引伸內勁之助，但勿用力……

2. 腰　鬆

腰鬆則氣自會沉，能使兩足有力，下盤穩固，上下肢之虛實變化，有不得力處，全恃腰部轉動得宜，以資補救，且感覺靈敏，轉動便利，蹲身時臀忌外突……

3. 胯　鬆

補鬆腰之不足，有時腰雖鬆淨，轉動仍覺甚不合宜，則非同時復鬆胯以資補救不可……

4. 全身鬆

全身鬆開，方能沉著，因是不致有分毫拙力留滯以自束縛，自能輕靈變化，圓轉自如……

周身無處不鬆淨，即在用意而不用力，意之所至，氣即至焉，如是則氣血流注全身，毫無停滯，所謂「意氣須換得靈乃有圓活之趣」，且欲沉著，必須鬆淨，故曰「沉重不浮，靜如山岳，周流不息，動若山河」。

（二）應　用

甲、化　勁

太極拳全尚外柔內堅之勁，具伸縮性，如鐵似綿，有時堅如鐵，有時柔如綿，其柔虛堅實之分全視來勢而定，彼實則我虛，彼虛則我實，實者忽虛，虛者忽實，反覆無端，彼不知我，我能知彼，使人莫測高深，自然散亂，則我發勁無不勝者，欲探其妙，須明瞭化勁之法，曰「黏」，曰「走」，走以化敵，黏以化敵，兩者交相為用焉。

1. 黏　勁

黏勁即「不丟」不丟者不離之謂，交手時須黏住彼勁，即在粘黏連隨處應付之，不但兩手而全身各處均能黏住彼勁，我之緩急，但隨彼之緩急而為緩急，自然黏連不斷感覺彼勁而收我順人背之效所謂「動急則急應，動緩則緩應」惟必須兩臂鬆淨，不使有絲毫拙力，方能巧合相隨，否則，一遇彼勁，便無復活之望，且有力喜自作主張，難以處處捨己從人初學者戒心急，久之，用勁自有似鬆非鬆，將展未展之意，便能隨意應付，百無一失。

2. 走　勁

走勁即「不頂」，不頂者不抵抗之謂，與彼黏手時，不論左右手，一覺有重意與彼黏處，即變為虛，鬆一處而偏沉之，稍覺雙重，即速偏沉，蓋彼之動作必有一方向，吾但隨其方向而去，不稍抵抗，使彼處處落空，毫不得力，所謂「左重則左虛，右重則右杳」也，初學者非大勁不走是尚有抵抗之意，如相持不下，則力大者勝，故曰「偏沉則隨，雙重則滯」，技之精者，感覺異常靈敏，稍觸即知，「有一羽不能加，一蠅不能落」之妙，練不頂法，首在用腰，腰有不足時方可濟之以胯或以步。

3. 化　勁

「黏勁」與「走勁」合而用之則曰「化勁」，走主退，黏主進，進退相濟不離，方為「入門進言之，由黏而聽，由聽而懂，由懂而走，由走而化，蓋用走勁能使彼重心傾斜不穩，用黏勁能使彼不穩而復歸於穩，因不丟不頂，彼之重心穩定與否，皆由我主之，彼之弱點我皆能知

之，終須以靜待動，即彼之動而動，所謂「彼不動己不動，彼微動己先動」，若用純鋼之勁則逆而不順，不順則無由走，不走則無由化。

乙、發　勁

1. 引　勁

由化勁用逆來順受之法引入殼中，然後從而制之，彼屈則我伸，彼伸則我屈，虛實應付毫釐不爽，忽隱忽現變化不測，以勁之動俱作圓形一圈之中，即含有無數走黏，隨機應變純恃感覺，其要不外一「順」字，我順彼背，則彼雖有千斤之力，亦無所用，故有「四兩撥千斤」之句，能引後能拿能發，故「引進落空合即出」。

2. 拿　勁

引後能拿則人身無主裁氣難行走，拿人須拿活關節，如腕、肘、肩等處，拿人樞紐全在腰腿拿之，主使全在意氣，欲能發人必先知拿人，不能拿人，即不能發，故拿較發為重要，能引、能拿隨後能發，發之不佳，多由引之不合或拿之不準，故引拿與發有莫大關係，而發之機勢、方向、時間亦頗重要，若機勢確當，方向不誤，時間適合則發人猶如彈丸脫手，無往不利，其法掤攦擠按採挒肘靠等式式能發人，其用掌拳肘含腕肩胯腰膝腳，處處能擊人，其勁開合提沉長截捲鑽冷斷寸分各勁咸能攻人，總之隨曲就伸逆來順應乘人之勢，借人之力，變化無窮，其理則一，得一則萬事畢。

附　錄　三

太極拳老譜三十二解　楊澄甫　傳

目　　錄

八門五步

挩南挒西擠東按北採西北挒東南肘東北靠西南方位
坎離兌震巽乾坤艮八門

　方位八門，乃為陰陽顛倒之理。週而復始，隨其所行
也。總之四正四隅，不可不知矣。夫挩挒擠按是四正之
手，採挒肘靠是四隅之手。合隅正之手，得門位之卦。以
身分步，五行在意，支撐八面。五行進步火，退步水，左顧
木，右盼金，定之方中土也。夫進退為水火之步，顧盼為金
木之步。以中土為樞機為軸，懷藏八卦，腳趾五行，手步八
五，其數十三，出於自然十三勢也。名之曰：八門五步。

八門五步用功法

　　八卦五行，是人生成固有之良。必先明知覺，運動四
字之本由，知覺運動得之後，而後方能懂勁，由懂勁後，
自能接及神明，然用功之初，要知知覺運動，雖固有之
良，亦甚難得於我也。

固有分明法

　　蓋人降生之初，目能視，耳能聽，鼻能聞，口能食，
顏色聲音香臭五味。皆天然知覺，固有之良，其手舞足
蹈，於四肢之能，皆天然運動之良，思及此是人熟無因，

人性近習遠，失迷固有，要想還我固有，非乃武無以尋運動之根由，非乃文無以得知覺之本原，是乃運動而知覺也，夫運而知，動而覺，不運不覺，不動不知，運極則為動，覺盛則為知，動知者易，運覺者難，先求自己知覺運動得之於身，自能知人，要先求知人，恐失於自己，不可不知此理也，夫而後懂勁然也。

粘黏連隨

　　粘者提上拔高之謂也　　黏者留戀繾綣之謂也
　　連者捨己無離之謂也　　隨者彼走此應之謂也
　　要知人之知覺運動，非明粘黏連隨不可，斯粘黏連隨之功夫亦甚細矣。

頂偏丟抗

　　頂者出頭之謂也，偏者不及之謂也，丟者離開之謂也，抗者太過之謂也。
　　要知於此四字之病，不明粘黏連隨，斷不明知覺運動也，初學對手，不可不知也，更不可不去此病，所難者粘黏連隨，而不許頂偏丟抗，是所不易矣。

對待無病

　　頂偏丟抗，失於對待也，所以為之病者，既失粘黏連

隨，何以獲知覺運動，既不知已，焉能知人，所謂對待者，不以頂偏丟抗相對於人也，要以粘黏連隨等待於人也，能如是，不但無對待之病，知覺運動自然得矣，可以進於懂勁之功矣。

對待用功法守中土（俗名站樁）

定之方中足有根，先明四正進退身。
掤捋擠按自四手，須費功夫得其身，
身形腰頂皆可以，粘黏連隨意氣均，
運動知覺來相應，神是君位骨肉臣，
分明火候七十二，天然乃武並乃文。

身形腰頂

身形腰頂豈可無，缺一何必費功夫，
腰頂窮研生不已，身形順我自伸舒，
捨此真理終何極，十年數載亦糊塗。

太極圈

進圈容易退圈難，不離腰頂後與前，
所難中土不離位，退易進難仔細研，
此為動功非站定，倚身進退並比肩，
能如水磨摧急緩，雲龍風虎象周旋，

要用天盤從此覓，久而久之出天然。

太極進退不已功

掤進捋退自然理，陰陽水火相既濟，
先知四手得來真，採挒肘靠方可許，
四隅從此演出來，十三勢架永無已，
所以因之名長拳，任君開展與收斂，
千萬不可離太極。

太極上下名天地

四手上下分天地，採挒肘靠由有去，
採天靠地相應求，何患上下不既濟，
若使挒肘習遠離，迷了乾坤遺嘆惜，
此說亦明天地盤，進用肘挒歸人字。

太極人盤八字歌

八卦正隅八字歌，十三之數不幾何，
幾何若是無平準，丟了腰頂氣歎哦，
不斷要言只兩字，君臣骨肉細琢磨，
功夫內外均不斷，對待數兒豈錯他。
對待於人出自然，由茲往復於地天，
但求捨己無深病，上下進退永連綿。

太極體用解

理為精氣神之體，精氣神為身之體，身為心之用，勁力為身之用，心身有一定之主宰者，理也，精氣神有一定之主宰者，意誠也，誠者，天道誠之者，人道，俱不外意念須臾之間，要知天人同體之理，自得日月流行之氣，其氣意之流行，精神自隱微乎理矣，夫而後言乃武乃文乃聖乃神則得。若特以武事論之於心，身用之於勁力，仍歸於道之本，也故不得獨以末技云爾。

勁由於筋，力由於骨，如以持物論之，有力能執數百斤，是骨節皮毛之外操也，故有硬力，如以全體之有勁，似不能持幾斤，是精氣之內壯也，雖然若是功成後，猶妙出於硬力者，修身體育之道有然也。

太極文武解

文者，體也，武者，用也，文功在武用於精氣神也。為之體育，武功得文體於心身也，為之武事，夫文武尤有火候之謂，在放捲得其時，中體育之本也，文武使於對待之際，在蓄發，當其可者，武事之根也，故云武事，文為柔軟體操也，精氣神之筋勁，武事武用，剛硬武事也，心身之骨力也，文無武之予備，為之有體，無用，武無文之侶伴，為之有用無體，如獨木難支，孤掌不響，不惟體育武事之功，事事諸如此理，文者，內理也，武者外數也，

有外數無文理，必為血氣之勇，失於本來面目，欺敵必敗，爾有文理，無外數，徒思安靜之學，未知用於採戰，差微，則亡爾，自用於人，文武二字之解，豈可不解哉。

太極懂勁解

自己懂勁接及神明，為之文成而後採戰，身中之陰，七十有二，無時不然，陽得其陰，水火既濟，乾坤交泰，性命葆真矣，於人懂勁，視聽之際，遇而變化，自得曲誠之妙，形著明於不勞，運動、覺知也，功至此，可為攸往咸宜，無須有心之運用耳。

八五十三勢長拳解

自己用功，一勢一式，用成之後，合之為長，滔滔不斷，週而復始，所以名長拳也，萬不得有一定之架子，恐日久入於滑拳也，又恐入於硬拳也，決不可失其綿軟，周身往復精神意氣之本，用久自然貫通，無往不至，何堅不摧也，於人對待，四手當先，亦自八門五步而來，四手，手手碾磨，進退四手，中四手，上下四手，三才四手，由下乘長拳四手起，大開大展，練至緊湊屈伸自由之功，則升之中上成矣。

太極陰陽顛倒解

陽，乾、天、日、火、離、放、出、發、對、開、臣、肉、用、氣、身、武、立命、方、呼、上、進、隅，陰，坤、地、月、水、坎、捲、入、蓄、待、合、君、骨、體、理、心、文、盡性、圓、吸、下、退、正，蓋顛倒之理，水火二字詳之則可明，如火炎上，水潤下者，水能使火在下而用水在上，則為顛倒，然非有法治之，則不得矣，辟如水入鼎內，而治火之上，鼎中之水，得火以燃之，不但水不能下潤，藉火氣水必有溫時，火雖炎上，得鼎以隔之，是為有極之地，不使炎上，炎火無止息，亦不使潤下之水，永滲漏，此所為水火既濟之理也，顛倒之理也，若使任其火炎上來潤下，必至火水必分為二，則為火水未濟也，故云分而為二，合之為一之理也，故去一而二、二而一，總斯理為三，天地人也，明此陰陽顛倒之理，則可與言道，知道不可須臾離，則可與言人，能以人弘道，知道不遠人，則可與言天地同體，上天下地，人在其中矣，苟能參天察地，與日月合其明，與五嶽四瀆華朽，與四明之錯行，與草木共枯榮，明鬼神之吉凶，知人事興衰，則可言乾坤為一大天地，人為一小天地也，夫如人之身心，致知格物於天地之知能，則可言人之良知良能，若思不失固有，其功用浩然正氣，直養無害，攸久無疆矣，所謂人身生成一小天地者，天也，性也，地也，命也，人也，虛靈也，神也，若不明之者，烏能配天地為三

乎，然非盡性立命，窮神達化之功，胡為乎來哉。

人身太極解

　　人之周身，心為一身之主宰，主宰太極也，二目為日月，即兩儀也，頭像天，足像地，人中之人及中腕，合之為三才也，四肢四象也，腎水，心火，肝木，肺金，脾土，皆屬陰，膀胱水，小腸火，膽木，大腸金，胃土，皆陽矣，茲為內也，頭丁火，地閣承漿水，左耳金，右耳木，兩命門也，茲為外也，神出於心，目眼為心之苗，精出於腎，腦腎為精之本，氣出於肺，膽氣為肺之原，視思明心動，神流也，聽思聰，腦動腎滑也，鼻之息香臭，口之呼吸出入，水鹹，木酸，土辣，火苦，金甜及言語聲音，木毫，火焦，金潤，土塕，水漂，鼻息，口吸呼之味，皆氣之往來，肺之門戶，肝膽巽震之風雷，發之聲音，出入五味，此言口、目、鼻、舌，神意使之六合，以破六欲也，此內也，手足肩膝肘胯亦使六合，以正六通也，此外也，眼、耳、鼻、口，大小便肚臍，外七竅也，喜、怒、憂、思、悲、恐、驚，內七情也，七情皆以心為主，喜心，怒肝，憂脾，悲肺，恐腎，驚膽，思小腸，怕膀胱，愁胃，慮大腸，此內也，夫離南正午火心經，坎北正子水腎經，震東正卯木肝經，兌西正酉金肺經，乾西北隅金火腸化水，坤西南隅土脾化土，巽東南隅膽木化土，艮東北隅胃土化火，此內八卦也，外八卦者二四為肩，六八為足，上九下一左三右七也，坎一，坤二，震三，巽

四，中五，乾六，兌七，艮八，離九，此九宮也，內九宮
亦如此，表裏者，乙肝左肋，化金通肺，甲膽化土通脾，
丁心化木中膽通肝，丙小腸化水通腎，已脾化土通胃，戊
胃化火通心，後背前胸，山澤通氣，辛肺右肋化水通腎，
庚大腸化金通肺，癸腎下部化火通心，壬膀胱化木通肝，
此十天干之內外也，十二地支亦如此之內外也，明斯理則
可與言修身之道矣。

太極分文武三成解

　　蓋言道者，非自修身，無由得也，然又分為三乘之修
法，乘者成也，上乘即大成也，下乘即小成也，中乘即誠
之者成也，法分三修，成功一也，文修於內，武修於外，
體育內也，武事外也，其修法內外表裏，成功集大成，即
上乘也，由體育之文而得武事之武，或由武事之武而得體
育之文，即中乘也，然獨知體育，不入武事而成者，或專
武事不為體育而成也，即小成也。

太極下乘武事解

　　太極之武事，外操柔軟內含堅剛，而求柔軟，柔軟之
於外，久而久之，自得內之堅剛，非有心之堅剛，有心之
柔軟也，所難者，內要儲蓄堅剛而不施，外終柔軟而迎
敵，以柔軟而應堅剛，使堅剛盡化無有矣，其功何以得
乎，要非粘黏連隨已成，自得運動知覺，方為懂勁，而後

神而明文，化境極矣，失四兩撥千斤之妙，功不及化境將何以能，是所謂懂粘運，得其視聽輕靈之巧耳。

太極正功解

太極者元也，無論內外上下左右，不離此元地，太極者方也，無論內外上下左右，不離此方也，元之出入，方之進退，隨方就元之往來也，方為開展，元為緊湊，方元規矩之至，其就能出此以外哉，如此得心應手，仰高贊堅，神乎其神，見隱顯微，明而且明，生生不已，欲罷不能。

太極輕重浮沉解

雙重為病，乾於填實，與沉不同也，雙沉不為病，自爾騰虛，與重不易也，雙浮為病，只如漂渺，與輕不例也，雙輕不為病，天然清靈，與浮不等也，半輕半重不為病，偏輕偏重為病，半者半有著落也，所以不為病，偏者偏無著落也，所以為病，偏無著落必失方圓，半有著落豈出方圓，半浮半沉為病，失於不及也，偏浮偏沉失於太過也，半重偏重滯而不正也，半輕偏輕靈而不圓也，半沉偏沉虛而不正也，半浮偏浮茫而不圓也，夫雙輕不近於浮則為輕靈，雙沉不近於重則為離虛，故曰上手輕重，半有著落，則為平手，除此三者之外，皆為病手，蓋內之虛靈不昧，能致於外氣之清明，流行乎肢體也，若不窮研輕重浮

沉之手，徒勞掘井，不及泉之歎耳，然有方圓四正之手，表裏精粗無不到，則已極大成，又何云四隅出方圓矣，所謂方而圓，圓而方，超乎象外，寰中之上手也。

太極四隅解

四正即四方也，所謂掤攦擠按也，初不知方能始圓，方圓復始之，理無已，焉能出隅之手矣，緣人外之肢體，內之神氣，弗緝輕靈方圓，四正之功，始出輕重浮沉之病，則有隅矣，辟如半重偏重滯而不正，自然為採挒肘靠之隅手或雙重填實，亦出隅手也、病多之手，不得已以隅手扶之而歸圓中，方正之手，雖然至底者，肘靠亦及此，以補其所以云爾，春後功夫能至上乘者亦須獲採挒而仍歸大中至正矣，是四隅之所用者，因失體而補缺云云。

太極平準腰頂解

頂如準，故云頂頭懸也，兩手即平左右之盤也，腰即平之根株也，立如平準，所謂輕重浮沉，分厘毫絲則偏，顯然矣，有準頂頭懸，腰之根下株尾閭至胸門也上下一條線，全憑兩平轉，變換取分毫，尺寸自己辨，車輪兩命門，一蠹搖又轉，心令氣旗使，自然隨我便，滿身輕利者，金剛羅漢煉，對待有往來，是早或是晚，合則放發去，不必凌霄箭，涵養有多少，一氣哈而遠，口授須秘傳，開門見中天。

太極血氣根本解

　　血為營，氣為衛，血流行於肉，膜胳，氣流行於骨，
筋，脈，筋甲為骨之餘，髮毛為血之餘，血旺則髮毛盛，
氣足則筋甲壯，故血氣之勇，力出於骨，皮毛之外壯，氣
血之體，用出於肉，筋甲之內壯，氣以血之盈虛，血以氣
之消長，消長盈虛，週而復始，終身用之，不能盡者矣。

　　【註】纛（ㄉㄠˋ），古代軍隊裏的大旗。

太極四時五氣解圖

夏火呵南

春木噓東　　　　西呬金秋

北吹水冬
吸
呼
土
中
央

太極力氣解

氣走於膜胳筋脈，力出於血肉皮骨，故有力者，皆外壯於皮骨，形也，有氣者，是內壯於筋脈，象也，氣血功於內壯，血氣功於外壯，要之明於氣血二字之功能，自知力氣之由來矣，知氣力之所以然，自能用力行氣之分別，行氣於筋脈，用力於皮骨，大不相侔也。

【註】侔（ㄇㄡˊ），相等。

太極尺寸分毫解

功夫先煉開展，後煉緊湊，開展成而得之，才講緊湊，緊湊得成，才講尺寸分毫，由尺住之功成，而後能寸住，分住、毫住，此所謂尺寸分毫之理也，明矣。然尺必十寸，寸必十分，分必十毫，其數在焉，故云，對待者數也，知其數則能得尺寸分毫也，要知其數，非秘授而能量之者哉。

太極膜脈筋穴解

節膜，拿脈，抓筋，閉穴，此四功由尺寸分毫得之後而求之。膜若節之，血不周流，脈若拿之，氣難行走，筋若抓之，身無主地，穴若閉之，神昏氣暗，抓膜節之半死，申脈拿之似亡，單筋抓之勁斷，死穴閉之無生，總之氣血精神，若無身，何有主也，如能節拿抓閉之功，非得

點傳不可。

太極字字解

挫柔捶打於己於人，按摩推拿於己於人，開合升降於己於人，此十二字皆用手也，屈伸動靜於己於人，起落急緩於己於人，閃還撩了於己於人，此十二字於己氣也，於人手也，轉換進退於己身也，於人步也，顧盼前後於己目也，於人手也，即瞻前眇後左顧右盼也，此八字關乎神矣，斷接俯仰此四字關乎意勁也，斷接關乎神氣也，俯仰關乎手足也，勁斷意不斷，意斷神可接，勁意神俱斷，則俯仰矣，手足無著落耳，俯為一叩仰為一反而已矣，不使叩反，非斷而復接不可，對待之字以俯仰為重，時刻在心身手足，不使斷之無接，則不能俯仰也，求其斷接之能，非見隱顯微不可，隱微似斷而未斷，見顯似接而未接，接接斷斷，斷斷接接，其意心身體神氣極於隱顯，又何虛不粘黏連隨哉。

太極節拿抓閉尺寸分毫辨

對待之功既得，尺寸分毫於手，則可量之矣，然不論節拿抓閉之手易，若節膜，拿脈，抓筋，閉穴，則難，非尺寸分毫量之不可得也，節不量，由按而得膜，拿不量，由摩而得脈，抓不量，由推而得拿，閉非量而不能得穴，由尺盈而縮之寸分毫也，此四者雖有高授，然非自己功夫

久者，無能貫通焉。

太極補瀉氣力解

補瀉氣力於自己難，補瀉氣力於人亦難，補自己者，知覺功虧則補，運動功過則瀉，所以求諸已不易也，補於人者，氣過則補之，力過則瀉之，此勝彼敗所由然也，氣過或瀉，力過或補，其理雖亦然，其有詳夫過補，為之過上加過，遇瀉為之緩，他不及他必更過，仍加過也，補氣瀉力於人之法，均為加過於人矣，補氣名曰結氣法，瀉力名曰空力法。

太極空結挫揉論

有挫空挫結，有揉空揉結之辨，挫空者則力隅矣，挫結者則氣斷矣，揉空者則力分矣，揉結者則氣隅矣，若結柔挫則氣力反，空揉挫則氣力敗，結揉挫則力盛於氣，力在氣上矣，空揉挫則氣盛於力，氣過力不及矣，挫結揉，揉結挫，皆氣閉於力矣，挫空揉，揉空挫皆力鑿於氣矣，總之挫結揉空之法，亦必由尺寸分毫量，能如是也，不然無地之挫揉，平虛之靈結，亦何由而致於哉。

懂勁先後論

夫未懂勁之先，長出頂偏丟抗之病，既懂勁之後，恐

出斷接俯仰之病，然未懂勁故然病亦出，勁既懂何以出病
呼，勁似懂未懂之際，正在兩可，斷接無準矣，故出病神
明及猶不及，俯仰無著矣，亦出病，若不出斷接俯仰之
病，非真懂勁弗能不出也，胡為真懂，因視聽無由，未得
其確也，知瞻耳少 顧盼之視，覺起落緩急之聽，知閃還
撩了之運，覺轉換進退之動，則為真懂勁，則能接及神明
及神明自攸往有由矣，有由者，由於懂勁，自得屈伸動靜
之妙，有屈伸動靜之妙，開合升降又有由矣，由屈伸動
靜，見入則開，遇出則合，看來則詳，就去則升，夫而後
才為真及神明矣，明也豈可日後不慎，行坐臥走，飲食溺
泅之功，是所為及中成大成也哉。

尺寸分毫在懂勁後論

在懂勁先求尺寸分毫，為之小成，不過未技武事而
已，所謂能尺於人者，非先懂勁也，如懂勁後，神而明
之，自然能量尺寸，尺寸能量才能節拿抓閉矣，知膜脈筋
穴之理，要必明存亡之手，知存亡之手，要必明生死之
穴，其穴之數安可不知乎，知生死之穴數，烏可不明閉而
不生乎，烏可不明閉而無生乎，是所謂二字之存亡，一閉
之而已盡矣。

太極指發掌捶手解

自指下之腕上，裏者為掌。五指之首為之手，五指皆

為指，五指權裏其背為捶，如其用者，按推掌也，拿柔，抓閉，俱用指也，挫摩，手也，打捶也，夫捶有搬攔，有指襠，有肘底，有撇身四捶之外，有覆捶，掌有摟膝，有換轉，有單鞭，有通背，四掌之外，有串掌手，有雲手，有提手，有十字手，四手之外，有反手，指，有屈指，有伸指，捏指，閉指，四指之外有量指，又名尺寸指，又名覓穴指，然指有五指，有五指之用，首指為手，仍為指故，又名手指，其一，用之為旋指旋手，其二用之為根指根手，其三用之為弓指弓手，其四用之為中合手指，四手指之外，為獨指獨手也，食指為卜指，為劍指，為佐指，為粘指，中正為心指，為合指，為鉤指，為抹指，無名指，為全指，為環指，為代指，為扣指，小指為幫指，補指，媚指，掛指，若此之名知之易，用而之難，得口訣秘法亦不易為也，其次有對掌，推山掌，射雁掌，晾翅掌，似閉掌，拗步掌，彎弓指，穿梭指，探馬手，彎弓手，抱虎手，玉女手，跨虎手，通山捶，葉下捶，背反捶，勢分捶，捲挫捶，再其次，步隨身換，不出五行，則無失錯矣，因其粘連黏隨之理，捨己從人，身隨步自換，只要無五行之舛錯，身形腳勢出於自然，又何慮些須之病也。

口授穴之存亡論

穴有存亡之穴，要非口授不可，何也，一因其難學，二因其關乎存亡，三因其人才能傳，第一不授不忠不孝之人，第二不傳根底不好之人，第三不傳心術不正之人，第

四不傳魯莽滅裂之人，第五不傳授目中無人之人，第六不傳知禮無恩之人，第七不授反覆無常之人，第八不傳得易失易之人，此須知八不傳，匪人更不待言矣，如其可以傳，再口授之秘訣，傳忠孝知恩者，心氣和平者，守道不失者，真以為師者，始終如一者，此五者果其有始有終，不變如一，方可將全體大用之功，授之於徒也，明矣，於前於後代代相繼，皆如是之所傳也，噫抑亦知武事中烏有匪人哉。

張三豐承留

天地即乾坤，伏羲為人祖，畫卦道有名，堯舜十六甘，微危允厥中，精一及孔孟，神化性命功，七二乃文武，授之至予來，字著宣平計，延年樂在身，元善從復始，虛靈能德明，理令氣形具，萬載詠長春，心兮誠真跡，三教無兩家，統言皆太極，浩然塞而沖，方正千年立，繼往聖永綿，開來學常續，水火既濟焉，願至戌畢字。

口授張三豐老師之言

予知三教歸一之理，皆性命學也，皆以心為身之主也，保全心身，永有精氣神也，有精氣神才能文思安安，武備動動，安安動動乃文乃武，大而化之者，聖神也，先覺者得其寰中，超乎象外矣，後學者以效無覺之所知能，其知能雖人固有之知能，然非效之不可得也，夫人之知

能，天然文武，目視耳聽，天然文也，手舞足蹈，天然武也，孰非固有也，明矣。前輩大成文武聖神，授人以體育修身進之不以武事修身，傳之至予，得之手舞足蹈之採戰，借其身之陰以補助之陽，身之陽男也，身之陰女也，然皆子身中矣，男之身只一陽，男全體皆陰，女以一陽採戰全體之陰女，故云一陽復始，斯身之陰女不獨七二，以一姹女配嬰兒之名變化千萬姹女採戰之可也，亦安有男女後天之身以補之者，所謂自身之天地扶助也，是為陰陽採戰也，如此者，是男子之身皆屬陰而採自身之陽，戰已身之女，不如兩男之陰陽對待修身速也，予及此傳於武事，然不可以末技視，依然體育之學，修身之道，性命之功，聖神之境也，今夫兩男之對待採戰，於己身之採戰，其理不二，已身亦遇對待之數，則為採戰也，是為汞鉛也，於人對戰坎離之陰陽兌震，陽戰陰也，為之四正，乾坤之陰陽艮巽陰採陽也，為之四隅，此八卦也，為之八門，身足位列中土，進步之陽以戰之，退步之陰以採之，左顧之陽以採之，右盼之陰以戰之，此五行也，為之五步，共為八門五步也，夫如是予授之爾終身用之不用盡者矣，又至予得武繼武，必當以武事傳之而修身也，修身入道，無論武事文為，成功一也，三教三乘之原，不出一太極，願後學以易理格致於身中，留於後世也。

張三豐以武事得道論

蓋未有天地，先有理，理為氣之陰陽主宰，主宰理以

有天地，道在其中，陰陽氣道之流行，則為對待，對待者
陰陽也，數也，一陰一陽之為道，道無名天地始，道有名
萬物母，未有天地之前無極也，無名也，既有天地之後有
極也，有名也，然前天地者曰理，後天地者曰母，是乃理
化先天陰陽氣數，母生後天胎卵濕化，位天地，育萬育，
道中和，然也，故乾坤為大父母先天也，爹娘為小父母後
天也，得陰陽先後天之氣以降生身，則為人之初也，夫人
身之來者，得大父母之命性賦理，得小父母之精血形骸，
合先後天之身命，我得而成人也，以配天地為三才，安可
失性之本哉，然能率性則本不失，既不失本來面目，又安
可失身體之去處哉，夫欲尋去處，先知來處，來有門，去
有路，良有以也，然有何以之，以之固有之知能，無論知
愚賢否，固有知能皆可以之進道，既能修道，可知來處之
源，必能去處之委，來源去委既知，能必明身不修，故曰
自天於至於庶人，一是皆以修身為本，夫修身以何，以之
良知良能，視目聽耳，曰聰曰明，手舞足蹈，乃武乃文，
致知格物，意誠心正，心為一身之主，正意誠心以足蹈五
行乎，舞八卦，手足為之四象，用之殊途良能不原，目視
三合，耳聽六道，目耳亦是四形體之一表，良知歸本耳
目，手足分而為二，皆為兩儀合之為一，共為太極，此由
外斂入之於內，亦自內發出之於外也，能如是表裏精粗無
不到，豁然貫通，希賢希聖之功，自臻於曰睿，曰智乃聖
乃神。所謂盡性立命，窮神達化在茲矣，然天道人道一誠
而已矣。

211

楊振鐸首次傳承弟子

胡步雲	楊永芬（女）	郭建生
戈金剛	謝文德	王德星（女）
高俊生	張素珍（女）	楊禮儒
苗光照	李存厚	孫剛臣
程相雲	楊春如	周亞珍（女）
林秋雅（馬來西亞）（女）		王　文
張桂蘭（女）	滑小龍	張美美（瑞典）（女）
段英蓮（女）	李壽堂	李秀英（女）
王涵蓉（美國）（女）		閻鳳祥（女）
賈承平（女）	李七梅（女）	喬榮建
田憲文	宋　斌	耿　鶯（女）
楊文升	羅海平（女）	藥俊芳（女）
王白玄	簡桂妍（女）	梁秀芳（女）
牛新中	楊樹芳（女）	

楊振鐸第二次傳承弟子

郭樹林	郝紅玲（女）	曲巧魚（女）	閻維喜
張建勝	任兆基	秦慧玲（女）	王熙有
郭小芳	戚連香（女）	和成紅（女）	王志強
馬建軍	李生武	何勇	郝曉玉（女）
侯玉華（女）	魏建國	張寶娥（女）	劉太多（女）
常建立	張未仙（女）	邊秀宏	李瑞家（女）
梁軍虎	崔娟（女）	彭莉（女）	杜生耀
楊錦秀（女）	李天才	黃建東	王仲文
任春林	弓心伶（女）	白冬榮（女）	張進凱
李湘蓮（女）	蘆玉琴（女）	敦桂雲（女）	范德治
乞霖	劉忠良	史錦華（女）	趙琦
王瑛（女）	張志勇	馬國華	喬建林
薛繼珍（女）	翟朝峰	柴吉良	鄭金崇
鄭菊英（女）	羅海英（女）	趙清	辛甲安
李鵬（女）	高鋒（女）	姜亞範（女）	劉森
喬青雲（女）	王玉珍（女）	劉中克（女）	李瑞珍（女）
杜燕萍（女）	宋春香（女）	汪素霞（女）	賈淑敏（女）
賀勝利			

Frank Grothstuck（弗蘭克・古適斯度克）（德國）

And Lee（李安娣）（美國）（女）

Andre Leray（安德列・勒瑞）（法國）

bill Walsh（比爾・沃爾斯）（美國）

Jean Marc Geering（讓──馬克哥潤）（瑞士）

Dave Barrett（大衛白瑞特）（美國）

213

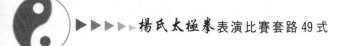
楊振鐸第三、四、五次傳承弟子

第三次傳承弟子：

| 楊 軍 | 楊 斌 | 馮維華 | 盧冬梅（女） |
| 吳宗福 | 胡富川 | 侯繼華 | 袁穎穎（女） |

第四次傳承弟子：

馬 萍（女）	許廷國	牛建華	宋元增
王進修	馮守俊	楊子華（女）	高愛萍（女）
馬潤良（女）	秦慧珍（女）		

第五次傳承弟子：

劉喜英（女）	董郁文	楊培基	劉隊森
李國英（女）	馬粉萍（女）	王晉芳（女）	張玲娣（女）
楊春霞（女）	賀聰明	孫月慶	鄭樹軍
趙海平	李 慧（女）	白景虎	宋眼林
李晶晶（女）	王翠蓮（女）	戴紹朋	趙一新（女）
馮彩霞（女）	馮豔霞（女）	許 蓉（女）	高文鑒
杜星龍			

楊氏世系表

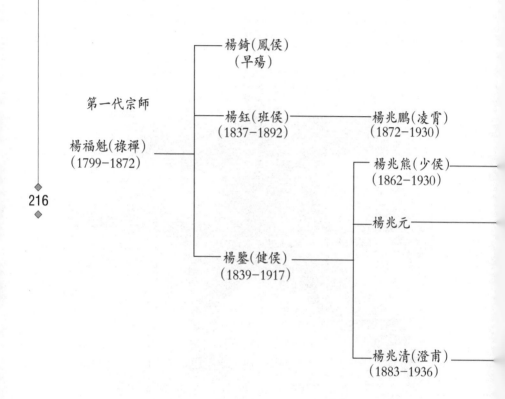

第一代宗師

楊福魁(祿禪)
(1799-1872)

楊錡(鳳侯)
(早殤)

楊鈺(班侯)
(1837-1892)

楊兆鵬(凌霄)
(1872-1930)

楊兆熊(少侯)
(1862-1930)

楊兆元

楊鑒(健侯)
(1839-1917)

楊兆清(澄甫)
(1883-1936)

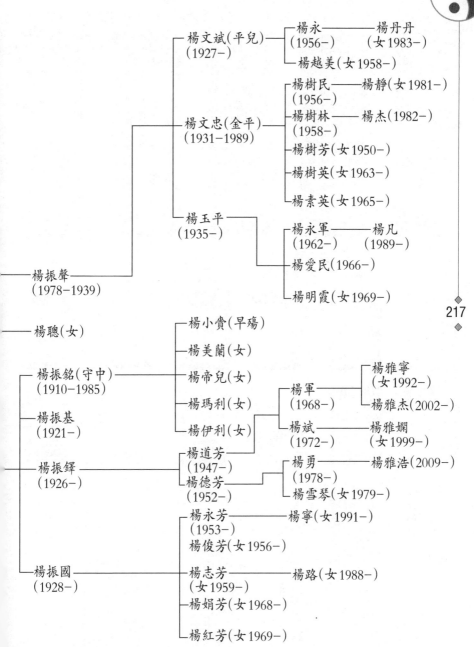

楊文斌(平兒)
(1927-)
楊永
(1956-)
楊丹丹
(女1983-)
楊越美(女1958-)

楊文忠(金平)
(1931-1989)
楊樹民——楊靜(女1981-)
(1956-)
楊樹林——楊杰(1982-)
(1958-)
楊樹芳(女1950-)
楊樹英(女1963-)
楊素英(女1965-)

楊玉平
(1935-)
楊永軍
(1962-)
楊凡
(1989-)
楊愛民(1966-)
楊明霞(女1969-)

楊振聲
(1978-1939)

217

楊聰(女)

楊振銘(守中)
(1910-1985)

楊振基
(1921-)

楊小賞(早殤)
楊美蘭(女)
楊帝兒(女)
楊瑪利(女)
楊伊利(女)

楊軍
(1968-)
楊雅寧
(女1992-)
楊雅杰(2002-)

楊斌
(1972-)
楊雅嫻
(女1999-)

楊振鐸
(1926-)

楊道芳
(1947-)
楊德芳
(1952-)

楊勇
(1978-)
楊雅浩(2009-)
楊雪琴(女1979-)

楊振國
(1928-)

楊永芳
(1953-)
楊寧(女1991-)
楊俊芳(女1956-)

楊志芳
(女1959-)
楊路(女1988-)
楊娟芳(女1968-)
楊紅芳(女1969-)

導引養生功

張廣德養生著作　每冊定價350元

疏筋壯骨功

導引保健功

頤身九段錦

九九還童功

舒心平血功

益氣養肺功

養生太極扇

養生太極棒

導引養生形體詩韻

四十九式經絡動功

輕鬆學武術

二十四式太極拳

四十二式太極拳

十六式太極拳

三十二式太極劍

四十二式太極劍

二十八式木蘭拳

三十八式扇

四十八式木蘭劍

簡化太極拳二十四式

楊式太極拳四十式

太極拳

陳式太極拳三十六式

太極劍

太極劍

太極跤

太極防身術

擒拿術

中國式摔角

彩色圖解太極武術

健康加油站

糖尿病 預防與治療

胃部

不孕症治療

簡易 醫學急救法

肥胖 健康診療

肝功能 健康診療

高血壓 健康診療

高血糖值 健康診療

尿酸值 健康診療

膽固醇 中性脂肪 健康診療

痛風 劇痛消除法

主溫暖 健康法

手腳 病理按摩

B型肝炎 預防與治療

吃得更漂亮 健康

茶 使你更健康

婦兒科疾病 運動療法

改變亞健康

簡易 萬病自療 保健

王朝秘藥 媚酒

立見實效 保健操

越吃越性福

荷爾蒙與健康

越吃越長壽

自我保健鍛鍊

斷食促進健康

蔬菜健康法 Vegetable

水果健康法 Fruit

越吃越苗條

越吃越聰明 EAT & SMART

全方位 健康藥草

人體 記憶地圖

提升免疫力 戰勝癌症 CANCER

腎臟病 預防與治療

怎樣配吃最健康

心臟病 腦中風 預防與防治

科學養生 細節

由人相診斷 健康

青春期智慧

前列腺 健康診療

下半身健康法

四高健康診

健康加油站

武術武道技術

截拳道入門

體育教材

太極武術教學光碟

太極功夫扇
五十二式太極扇
演示：李德印 等
(2VCD)中國

夕陽美太極功夫扇
五十六式太極扇
演示：李德印 等
(2VCD)中國

陳氏太極拳及其技擊法
演示：馬虹(10VCD)中國
陳氏太極拳勁道釋秘
拆拳講勁
演示：馬虹(8DVD)中國
推手技巧及功力訓練
演示：馬虹(4VCD)中國

陳氏太極拳新架一路
演示：陳正雷(1DVD)中國
陳氏太極拳新架二路
演示：陳正雷(1DVD)中國
陳氏太極拳老架一路
演示：陳正雷(1DVD)中國

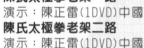

陳氏太極拳老架二路
演示：陳正雷(1DVD)中國
陳氏太極推手
演示：陳正雷(1DVD)中國
陳氏太極單刀・雙刀
演示：陳正雷(1DVD)中國

郭林新氣功
(8DVD)中國

本公司還有其他武術光碟
歡迎來電詢問或至網站查詢
電話：02-28236031
網址：www.dah-jaan.com.tw

原版教學光碟

歡迎至本公司購買書籍

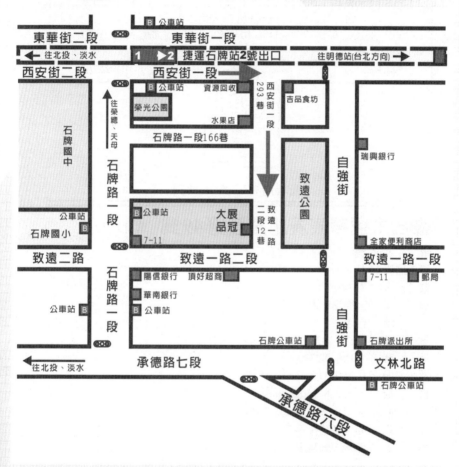

建議路線

1. 搭乘捷運、公車

　　淡水線石牌站下車，由石牌捷運站2號出口出站（出站後靠右邊），沿著捷運高架往台北方向走（往明德站方向），其街名為西安街，約走100公尺（勿超過紅綠燈），由西安街一段293巷進來（巷口有一公車站牌，站名為自強街口），本公司位於致遠公園對面。搭公車者請於石牌站（石牌派出所）下車，走進自強街，遇致遠路口左轉，右手邊第一條巷子即為本社位置。

2. 自行開車或騎車

　　由承德路接石牌路，看到陽信銀行右轉，此條即為致遠一路二段，在遇到自強街（紅綠燈）前的巷子（致遠公園）左轉，即可看到本公司招牌。

國家圖書館出版品預行編目資料

楊氏太極拳表演比賽套路49式 ／ 楊振鐸 著
——初版，——臺北市，大展，2016〔民105.02〕
面；21公分 ——（楊式太極拳；11）
ISBN 978-986-346-103-6（平裝；附數位影音光碟）
1.太極拳
528.972 104026763

楊氏太極拳表演比賽套路49式 附 DVD

著　　者／楊振鐸
責任編輯／楊丙德
發 行 人／蔡森明
出 版 者／大展出版社有限公司
社　　址／台北市北投區（石牌）致遠一路2段12巷1號
電　　話／（02）28236031・28236033・28233123
傳　　眞／（02）28272069
郵政劃撥／01669551
網　　址／www.dah-jaan.com.tw
E - mail ／ service@dah-jaan.com.tw
登 記 證／局版臺業字第2171號
承 印 者／傳興印刷有限公司
裝　　訂／眾友企業公司
排 版 者／弘益電腦排版有限公司
授 權 者／山西科學技術出版社
初版1刷／2016年（民105年）2月

定 價／350元